乡村振兴战略背景下乡村治理的路径选择和制度建构

何 潇 著

图书在版编目(CIP)数据

乡村振兴战略背景下乡村治理的路径选择和制度建构/何潇著. — 长春：吉林文史出版社，2021.6

ISBN 978-7-5472-7770-6

Ⅰ. ①乡… Ⅱ. ①何… Ⅲ. ①农村－社会主义建设－研究－中国②农村－群众自治－研究－中国 Ⅳ. ①F320.3②D638

中国版本图书馆 CIP 数据核字(2021)第 103407 号

乡村振兴战略背景下乡村治理的路径选择和制度建构
XIANGCUN ZHENXING ZHANLÜE BEIJING XIA XIANGCUN ZHILI DE LUJING XUANZE HE ZHIDU JIANGOU

出 版 人	张 强
作　　者	何 潇
责任编辑	柳永哲
装帧设计	中图时代
印　　刷	三河市嵩川印刷有限公司
开　　本	710 mm×1000 mm　1/16
印　　张	13.25
字　　数	220 千字
版　　次	2021 年 6 月第 1 版
印　　次	2022 年 1 月第 1 次印刷
出版发行	吉林文史出版社
地　　址	吉林省长春市净月开发区福祉大路 5788 号
网　　址	www.jlws.com.cn
书　　号	ISBN 978-7-5472-7770-6
定　　价	58.00 元

目 录

第一章 乡村振兴的战略定位和意义 … 1
第一节 乡村振兴战略的概念 … 1
第二节 乡村振兴战略的战略定位和总体要求 … 6
第三节 乡村振兴战略的意义 … 12
第四节 国外乡村发展的经验 … 25
第五节 乡村振兴的中国特色 … 29

第二章 推进乡村振兴的战略方针 … 33
第一节 坚持乡村振兴的高质量发展 … 33
第二节 要坚持农业农村优先发展 … 36
第三节 坚持城乡一体化发展 … 40

第三章 实施乡村振兴战略的重点工作 … 45
第一节 推进产业兴旺 … 45
第二节 实施乡村振兴战略的任务 … 53
第三节 推进乡村振兴的困境 … 62

第四章 加强现代农业和乡村旅游发展 … 67
第一节 加强现代农业建设 … 67
第二节 开发休闲农业 … 72
第三节 乡村旅游发展 … 79

第五章 建设生态宜居的美丽乡村 … 97
第一节 生态文明建设的意义和目标 … 97
第二节 农村的生态环境现状 … 99
第三节 国外生态乡村建设实践经验 … 102

第四节　建设美丽乡村的规划 ·· 108

第六章　促进乡村文化发展 ·· 124
第一节　乡风文明的概念 ·· 124
第二节　乡风文明建设的内容 ·· 130
第三节　乡风文明的建设路径探索 ·· 134

第七章　加强农村民生建设 ·· 152
第一节　完善农村产业振兴体系 ··· 152
第二节　加强农村基础设施建设工作 ······································· 162
第三节　促进农村扶贫开发进程 ··· 164

第八章　乡村治理理论体系与模式研究 ···································· 174
第一节　乡村治理的主体 ·· 174
第二节　乡村治理的原则与目标 ··· 181
第三节　乡村治理的要求 ·· 194

参考文献 ··· 204

第一章 乡村振兴的战略定位和意义

习近平总书记在党的十九大上提出了乡村振兴战略,该战略的制定与实施旨在从根本上解决"三农"问题,满足广大农民追求美好生活的愿望。具体来说,乡村振兴就是实现"产业兴旺、生态宜居、乡风文明、治理有效、生活富裕",这是我国当前以及未来较长一段时间内需要贯彻落实的重要战略。

第一节 乡村振兴战略的概念

一、我国城乡关系的历史变迁轨迹

我国城乡关系与社会发展之间存在密不可分的关系,二者相互影响、共同发展。大体上,我们可以将中华人民共和国成立以来的城乡关系变化划分为四个阶段,即改革开放前的城乡分割、改革开放到20世纪末的城乡联通、进入21世纪的城乡统筹和党的十九大以来的城乡融合。

(一)城乡分割发展时期

综观世界各国的发展史,可以看到很多国家在工业化建设初期,都会采取牺牲农民利益的方式推动经济增长、社会发展。中华人民共和国成立之初,作为一个有4亿人口的农业大国,中国面对的是"一穷二白"的烂摊子,加上西方国家对我国实行政治敌对和经济封锁,要建设中国的工业化体系显然是难上加难。

对于当时的中国而言,想要实现经济的快速增长,促进工业化建设,就必须借鉴外国工业化发展的一般规律,这就导致我国在很长一段时间内采取了重工业、轻农业,城乡分割的二元体制。国家对农产品实行严格的计划生产、计划供应即统购派购制度,统一定价收购农产品和供应工业品,形成价格上的"剪刀差",从中获得国家工业化所需的原料,提取发展资金。同时,实行严密的、城乡阻隔的户籍管理制度,对粮、棉、油和生活必需品实行凭票供应,严格阻止农业人口向城镇转移。在改革开放以前,除了少量在自留地种养的蔬菜、家禽和从生产队分的、省吃俭用留下来的一些东西可在集市上叫卖外,农民不可以带大宗农产品进城自由买卖,更不能进城做工经商;城里人也不能私自去农村收购农产品和出售工业品,形成严格的二元分割局面。

将发展重点倾向于工业,呈现城乡分割的二元社会结构,是一个国家实现工业化的必经之路,可以说这是符合社会发展的客观规律的、难以逾越的特定阶段。在我国工业化发展进程中,农业、农村、农民为之提供了原始积累,创造了物质基础,做出了巨大贡献。尽管国家加大对农业的物资和信贷投入,发展农机农资生产和农村工业,为推进农业现代化创造条件,但受限于当时经济实力制约等原因,仍显得力不从心,留下不少欠账。我们要结合历史阶段与客观实际来认识和把握问题,彻底破除城乡分割带来的弊端,扎实推进"三农"新发展,使之朝着现代化的目标不断前进。

(二)城乡联通发展时期

20世纪五六十年代,为了更好地开展社会主义建设,我国在一段时间内实行了城镇青年支援农村的政策,还有一些农村青年通过升学、当兵或招工等方式到城镇发展,农村人口和城镇人口有了一定流动。但从总体上看,全国城镇与广大农村是区隔的。20世纪70年代后期,国家支持发展地方"五小"工业和社队企业,促进了城乡生产要素直接交流。特别是上千万城镇知识青年上山下乡和回城就业,既带来知青家人和亲朋好友下乡走访,也促使农民到城里走亲访友见世面,为城乡联通创造了契机。

随着改革开放的实行,我国很多地区的乡镇企业迅速崛起,还有很多马路市场得到发展,这有力推动了我国城镇和农村逐渐的生产要素流通,在一定程度上打破了城乡二元分割的限制与壁垒。国家实施对外开放政策,创办经济特区,开放沿海港口城市,扩大经济开放区,带动了大批农民到沿海城市和开放地区就业创业。国家逐步放宽农副产品统购统销政策,允许完成派购任务的农副产品可以自由上市和自主运销,提倡队店挂钩、产销对接。同时,工业化、城镇化发展需要大量新生劳动力,农民工进城不仅是打工经商,而且也在城镇中生活定居。城乡间人口、商品、资金、技术、信息和观念交流日益拓展,极大地冲击了城乡二元结构。

随着改革开放的不断深入,计划经济已经无法适应我国当时的市场需求,在邓小平南方谈话精神的指引下,我国开始从根本上摆脱实行多年的计划经济制度的束缚,开拓了更广阔的市场空间。为彻底打破城乡分割的二元结构、进一步解放社会生产力创造了条件,也为统筹推进城乡改革发展、更好地解决农业这个国民经济的薄弱环节夯实了基础。

(三)城乡统筹发展时期

随着时间推移至21世纪,我国的工业化建设已经进入全新阶段,此时我国社会发展的主要诉求是实现城乡联动、一体化发展。统筹城乡区域发展,解决好"三农"问题是全党工作的重中之重,城乡发展一体化是解决"三农"问题的根本途径。要求加大统筹城乡区域发展力度,增强农村发展活力,逐步缩小城乡差距,促进城乡共同繁荣。坚持工业反哺农业、城市支持农村和"多予、少取、放活"的方针,加大强农、惠农、富农政策力度,保持农民收入持续较快增长,让广大农民平等参与现代化进程、共同分享现代化成果。加快完善城乡发展一体化体制机制,着力在城乡规划、基础设施、公共服务等方面推进一体化,促进城乡要素平等交换和公共资源均衡配置。

推动城乡统筹发展,重点在于正确认识并处理城市和农村的关系,必须坚持以工促农、以城带乡、工农互惠、城乡一体为指导原则,构建新型城乡工农关系。要采取切实的政策和措施,打破城乡二元体制,消除制约农业农村发展的体制性障碍,调整公共资源配置,增加农业和农村的投入。要在城乡产业政策、劳动就业、要素流动、公共事业建设、社会保障等方面加大统筹协调力度,不断缩小城乡发展差距,实现城市与农村共同进步、工业与农业协调发展。

我国自2004年起,每年都由中央印发关于"三农"问题的一号文件,其目的是推进我国城乡统筹发展的顺利推行。具体来说,一号文件是为加快社会主义新农村建设、促进城乡经济社会一体化发展、促进农民持续增收等出台的一系列政策意见。2005年年底,全国人大决定废止农业税条例,中国农民彻底告别"皇粮国税"。国家重视提高农业综合生产能力,发展现代农业,加强农业基础设施建设,加快农业科技创新,促进农业稳定发展、农民持续增收、农村不断进步。以农村最低生活保障、新型农村合作医疗、新型农村社会养老保障、农村"五保"供养等为重要内容的社会保障体系逐步形成,被征地农民社会保障、农民工工伤和医疗等社会保险不断完善。包括乡镇机构、农村义务教育、县乡财政管理体制等内容的农村综合改革和集体林权制度改革取得积极进展。

(四)城乡融合发展时期

党的十八大以来,我国进一步强调农业农村发展的重要性,强调应该在社会建设中适当地向农业倾斜。习近平总书记多次强调农业农村发展对于中国特色社会主义建设顺利推进的重要意义,对坚持农业农村优先发展、建立健全城乡融合发展的体制机制和政策体系作出一系列重要指示,要求加强党对"三农"工作的领导,统筹推进农村经济建设、政治建设、文化建设、社会建设、生态文明建设和党的建设,加快推进乡村治理体系和治理能力现代化建设,加快农业农村现代化,走中国特色社会主义乡村振兴道路,让农业成为有奔头的产业,让农民成为有吸引力的职业,让农村成为安居乐业的家园。

我们必须清晰地认识城镇和乡村之间的关系,二者的发展并不应该是相互阻碍的,而应该是互促互进、共生共存的。推进乡村振兴、重塑城乡关系,要坚持工业化、信息化、城镇化、农业现代化同步发展,走城乡融合发展之路。注重城乡规划共绘,把城乡一体、区域协调、均衡发展的理念落实到规划的编制和实施之中,加强城乡经济社会发展与空间布局、产业提升、建设用地等规划的衔接。注重城乡产业共兴,统筹考虑资源要素、发展基础、产业布局、重大项目,促进城乡劳动力有序流动,城乡居民在就业创业中增加收入。注重城乡设施共建,加快农村交通道路、供水排污、农田水利、文化教育、医疗卫生、全民健身等公共设施建设,推进城乡基础设施互联互通、共建共享。注重城乡生态共保,加强生态文明建设和环境保护,落实绿色发展方式和生活方式,坚持人与自然和谐共生,让天蓝地绿、山清水秀的美丽画卷更好地呈现在城乡大地。注重城乡要素共享,促进人才、资金、科技等要素更多更好地转向"三农",让农村的机会吸引人,让农村的环境留住人,推动形成工农互惠、城乡互补、全面融合、共同繁荣的新型工农、城乡关系。

当前,我国正在大力推进乡村振兴战略的实施,随着这一战略的贯彻落实,我国现代农业会加快发展,广大农民的获得感、幸福感、安全感会更加充实、更有保障、更可持续,优质、生态、绿色的农产品会更加丰富多彩,农村基础设施和公共服务会进一步得到提升,农村社会更加和谐,神州大地一定会更生动地展示出城乡全面繁荣、融合发展的壮美场景。

二、乡村振兴概念的提出

习近平总书记在党的十九大报告中首次提出了乡村振兴战略,并在报告中强调其重要性,将其作为我国决胜全面建成小康社会的重要战略。报告指出,农业、农村、农民问题是关系国计民生的根本性问题,必须始终把解决好"三农"问题作为全党工作的重中之重。按照产业兴旺、生态宜居、乡风文明、治理有效、生活富裕的总要求,建立健全城乡融合发展体制机制和政策体系,加快推进农业农村现代化。在具体策略方面,报告强调,保持土地承包关系稳定并长久不变,第二轮土地承包到期后再延长30年。构建现代农业产业体系、生产体系、经营体系,完善农业支持保护制度,发展多种形式适度规模经营,培育新型农业经营主体,健全农业社会化服务体系,实现小农户和现代农业发展有机衔接。促进农村一、二、三产业融合发展,支持和鼓励农民就业创业,拓宽增收渠道。加强农村基层基础工作,健全自治、法治、德治相结合的乡村治理体系。培养造就一支懂农业、爱农村、爱农民的"三农"工作队伍。

习近平总书记在提出乡村振兴这一概念后,多次陈述关于这一战略的重要性,这也在社会各个领域激起了热烈讨论。在2017年12月召开的中央农村工作会议上,习近平总书记提出了一系列新理念新思想新战略:一是坚持加强和改善党对农村工作的领导,为"三农"发展提供坚强政治保障;二是坚持重中之重的战略地位,切实把农业农村优先发展落到实处;三是坚持把推进农业供给侧结构性改革作为主线,加快推进农业农村现代化;四是坚持立足国内保障自给的方针,牢牢把握国家粮食安全主动权;五是坚持不断深化农村改革,激发农村发展新活力;六是坚持绿色生态导向,推动农业农村可持续发展;七是坚持保障和改善民生,让广大农民有更多的获得感;八是坚持遵循乡村发展规律,扎实推进美丽宜居乡村建设。

乡村振兴战略是对我国过去的农业农村发展战略的继承和发展,是基于我国当前社会发展实际和"三农"发展需要的先进战略,它响应了我国亿万农民的殷切期盼。必须抓住机遇,迎接挑战,发挥优势,顺势而为,努力开创农业农村发展新局面,推动农业全面升级、农村全面进步、农民全面发展,谱写新时代乡村全面振兴新篇章。

第二节 乡村振兴战略的战略定位和总体要求

一、乡村振兴战略的战略定位

(一)乡村振兴战略的基本原则

原则是对行为的有效约束,是保证行为不脱离既定轨道的重要指引,因此,贯彻落实乡村振兴战略必须遵循以下几项基本原则:

第一,实施乡村振兴战略,必须坚持因地制宜、循序渐进。科学把握乡村的差异性和发展走势分化特征,做好顶层设计,注重规划先行、因势利导、分类施策、突出重点、体现特色、丰富多彩。既尽力而为,又量力而行,不搞层层加码,不搞一刀切,不搞形式主义和形象工程,久久为功,扎实推进。

第二,实施乡村振兴战略,必须坚持城乡融合发展。坚决破除体制机制弊端,使市场在资源配置中起决定性作用,更好发挥政府作用,推动城乡要素自由流动、平等交换,推动新型工业化、信息化、城镇化、农业现代化同步发展,加快形成工农互促、城乡互补、全面融合、共同繁荣的新型工农城乡关系。

第三,实施乡村振兴战略,必须坚持党管农村工作。毫不动摇地坚持和加强党对农村工作的领导,健全党管农村工作方面的领导体制机制和党内法规。确保党在农村工作中始终总揽全局、协调各方,为乡村振兴提供坚强有力的政治保障。

第四，实施乡村振兴战略，必须坚持乡村全面振兴。准确把握乡村振兴的科学内涵，挖掘乡村多种功能和价值，统筹谋划农村经济建设、政治建设、文化建设、社会建设、生态文明建设和党的建设，注重协同性、关联性，整体部署，协调推进。

第五，实施乡村振兴战略，必须坚持农业农村优先发展。把实现乡村振兴作为全党的共同意志、共同行动，做到认识统一、步调一致，在干部配备上优先考虑，在要素配置上优先满足，在资金投入上优先保障，在公共服务上优先安排，加快补齐农业农村短板。

第六，实施乡村振兴战略，必须坚持改革创新、激发活力。不断深化农村改革，扩大农业对外开放，激活主体、激活要素、激活市场，调动各方力量投身乡村振兴。以科技创新引领和支撑乡村振兴，以人才汇聚推动和保障乡村振兴，增强农业农村自我发展动力。

第七，实施乡村振兴战略，必须坚持农民主体地位。充分尊重农民意愿，切实发挥农民在乡村振兴中的主体作用，调动亿万农民的积极性、主动性、创造性。把维护农民群众根本利益、促进农民共同富裕作为出发点和落脚点，促进农民持续增收，不断提升农民的获得感、幸福感、安全感。

第八，实施乡村振兴战略，必须坚持人与自然和谐共生。牢固树立和践行"绿水青山就是金山银山"的理念，落实节约优先、保护优先、自然恢复为主的方针，统筹山水林田湖草系统治理，严守生态保护红线，以绿色发展引领乡村振兴。

(二) 贯彻乡村振兴战略的目标

乡村振兴战略符合我国具体国情和实际发展需求，战略实施分步进行，根据计划到2020年，乡村振兴的制度框架和政策体系基本形成，各地区各部门乡村振兴的思路举措得以确立，全面建成小康社会的目标如期实现。到2022年，乡村振兴的制度框架和政策体系初步健全。国家粮食安全保障水平进一步提高，现代农业体系初步构建，农业绿色发展全面推进；农村一、二、三产业融合发展格局初步形成，乡村产业加快发展。农民收入水平进一步提高，脱贫攻坚成果得到进一步巩固；农村基础设施条件持续改善，城乡统一的社会保障制度体系基本建立；农村人居环境显著改善，生态宜居的美丽乡村建设扎实推进；城乡融合发展体制机制初步建立,农村基本公共服务水平进一步提升;乡村优秀传统文化得以传承和发展,农民精神文化生活需求基本得到满足;以党组织为核心的农村基层组织建设明显加强,乡村治理能力进一步提升,现代乡村治理体系初步构建。探索形成一批各具特色的乡村振兴模式和经验,乡村振兴取得阶段性成果。

二、乡村振兴战略的总体要求

(一)坚持中国共产党领导"三农"工作,贯彻落实优先发展农业农村的战略

农业是一个国家生存和发展的基础,是实现农业农村发展,实现农民共同富裕的重要产业,是为居民提供食物、为工业提供原料的基础产业,是关系国家经济安全和社会稳定的战略产业。在有13亿多人口的中国,吃饭问题始终是事关国计民生的大事,必须把中国人的饭碗牢牢端在自己手上,坚持粮食基本自给、口粮立足国内。农业是保证和支持国民经济正常运行的基础,为工业和服务业发展提供资金、原材料、劳动力资源和广阔的市场空间。

农业是国民经济的基础部门,农村是农业发展的基础,因此,只有保障农村稳定,才能保障国家稳定,当前有一些发展中国家由于走了畸形的工业化、城镇化道路,形成规模庞大的贫民窟,严重影响社会安定。忽视农业农村,造成工农业比例失调、城乡二元分割差距扩大,给经济和社会发展带来重大损失,给人民生活造成严重影响。

从我国发展实际来看,虽然整体上经济社会发展取得了巨大进步,但存在城市与农村、东部与西部发展差距较大的问题,因此,想要实现全面建成小康社会、全面建设社会主义现代化的目标,重点在"三农",最突出的短板也在"三农"。农业农村农民问题是关系国计民生的根本性问题,必须始终把解决好"三农"问题作为全党工作的重中之重。把农业农村优先发展落到实处,做到干部配备上优先考虑,要素保障上优先满足,资金投入上优先保障,公共服务上优先安排。充分发挥新型工业化、城镇化、信息化对乡村振兴的辐射带动作用,加快农业农村现代化。深入推进以人为核心的新型城镇化,促进农村劳动力的转移和转移人口的市民化。积极引导和支持资源要素向"三农"流动,在继续加大财政投入的同时,鼓励更多的企

业"上山下乡",推动更多的金融资源向农业农村倾斜,支持更多人才到农村广阔天地创业创新。进一步统筹城乡基础设施和公共服务,加大对农村道路、水利、电力、通信等设施的建设力度,加快发展农村社会事业,推进城乡基本公共服务均等化。

我国始终坚持党对"三农"工作的领导,我们应该进一步加强和改善这种领导,提高新时代全面推进乡村振兴的能力和水平。完善党委统一领导、政府负责、党委农村工作部门统筹协调的领导体制,实行中央统筹、省负总责、市县抓落实、乡村组织实施的工作机制。坚持党政"一把手"是第一责任人,五级书记抓乡村振兴,其中,县委书记尤其要当好乡村振兴的"一线总指挥"。各有关部门要结合自身职能定位,确定工作重点,细化政策举措,分解落实责任,切实改进作风,不断提升服务"三农"的本领。

(二)以"五位一体"为指引,协调推进乡村全面振兴

习近平总书记在党的十九大上提出了实施乡村振兴战略这一重要决策部署,这是我国现阶段和未来较长一段时间内的建设重点。如期实施第一个百年奋斗目标并向第二个百年奋斗目标迈进,最艰巨、最繁重的任务在农村,最广泛、最深厚的基础在农村,最大的潜力和后劲也在农村。要从国情农情出发,顺应亿万农民对美好生活的向往,坚持把农村的经济建设、政治建设、文化建设、社会建设、生态文明建设作为一个有机整体,统筹协调推进,促进农业全面升级、农村全面进步、农民全面发展。坚持以产业兴旺为重点、生态宜居为关键、乡风文明为保障、治理有效为基础、生活富裕为根本,书写好实施乡村振兴这篇大文章。

1. 加强农村组织建设

加强以党组织为核心的村级组织建设,打造坚强的农村基层党组织,培养优秀的农村党组织书记,深化村民自治、法治、德治,发展农民合作经济组织,增强村级集体经济实力,为实施乡村振兴战略提供保障。

2. 加强农村人才培养

加快培育新型农业经营主体,激励各类人才到农村广阔天地施展才华、大显身

手,让愿意留在乡村搞建设的人留得安心,让愿意"上山下乡"到农村创业创新的人更有信心,打造强大的人才队伍,强化乡村振兴人才支撑。

3. 推进农村产业发展

紧紧围绕建设现代农业和农村一、二、三产业融合发展,深化农业供给侧结构性改革,坚持质量兴农、绿色发展,确保国家粮食安全,调整优化农业结构,构建乡村产业体系,提高农业的创新力和竞争力,实现乡村产业兴旺、生活富裕。

4. 完善农村生态建设

加强农村生态文明建设和环境保护,综合治理农村突出的环境问题,扎实推进农村"厕所革命"和垃圾分类,完善农业生活设施,倡导绿色生产和生活方式,以优良生态支撑乡村振兴,让农村成为安居乐业的美丽家园。

5. 推进农村文化发展

以社会主义核心价值观为引领,加强农村思想道德建设和公共文化建设,深入挖掘优秀农耕文化内涵,培育乡土文化人才,推动形成文明乡风、良好家风、淳朴民风,更好地展示农民的良好精神风貌,提高乡村社会文明程度,焕发乡村文明新气象。

(三)调动农民积极性,培育农民的创新精神和创造能力

我国自古是农业大国,我国农民具备勤劳、聪慧的特点,农民的智慧点亮了中国的历史发展长河。中华人民共和国成立以来,我国农民在实践中探索了"大包干"、发展乡镇企业、建农民新城、农家乐旅游等成功做法,经党和政府总结、提升、扶持、推广,转化为促进生产力发展和农民增收致富的巨大能量。尊重农民首创精神,鼓励农民大胆探索,是党的群众路线的生动体现,也是实践证明行之有效、理当继续坚持的原则要求。在推进乡村振兴的过程中,必须认清农民主体地位,尊重农民创造,鼓励基层创新,充分调动各个方面特别是广大农民的积极性、创造性,汇聚支农助农兴农的力量。

1. 保障并维护农民的合法物质利益和民主权利

在经济上切实维护农民的物质利益,在政治上充分保障农民的民主权利,是保

护和调动农民积极性的两个方面。要坚持"多予、少取、放活"的方针,加快发展现代农业和农村经济,大力提升农村基础设施和公共服务水平,推进农村基层民主建设和村务公开,不断增强乡村治理能力,从而让农民真正得到实惠,激发其作为主体投身乡村振兴的积极性和创造性。

2. 制定并实施长期稳定农村基本政策

稳定农村政策,就能稳定农民人心。坚持以家庭承包经营为基础、统分结合的双层经营制度,长期稳定土地承包关系,实行土地所有权、承包权、经营权"三权"分置,促进土地合理流转,发展适度规模经营。坚持劳动所得为主和按生产要素分配相结合,鼓励农民通过诚实劳动、合法经营和加大资本、技术投入等方式富起来,倡导先富帮助和带动后富,实现共同富裕。在保护粮食生产能力的同时,积极发展多种经营,推动农业农村经济结构调整等。这些基本政策符合农民的利益和愿望,有利于调动亿万农民的积极性,保护和发展农村生产力。

3. 充分尊重农民的生产经营自主权

市场经济与计划经济存在本质区别,在市场经济条件下,农户作为独立的经营主体和自负盈亏的风险承担者,其生产经营的自主权理当受到尊重。支持农民根据市场需要和个人意愿,选择生产项目和经营方式,实现生产要素跨区域的合理流动;政府侧重于规划引导、政策指导和提供信息、科技、营销等服务,创造良好的生产条件和公平有序的市场环境。

4. 鼓励农民在实践中积极创造创新

普通农民变为农业生产者、农民打工者、进城经商者、经营管理者、民营企业家,魔术般的角色转换中蕴含着农民的智慧和创造。尊重农民、支持探索、鼓励创造,就能找到解决"三农"问题的有效办法,就会更好地加强和改进党对"三农"工作的领导。

第三节　乡村振兴战略的意义

一、实施乡村振兴战略的重大意义

(一) 有利于实现社会主义现代化建设战略目标

社会主义现代化建设是我国现阶段的重要任务,这一建设目标的实现需要各方努力,其中就包括乡村振兴战略的贯彻实施。农业农村现代化是国民经济的基础支撑,是国家现代化的重要体现。中国要强,农业必须强;中国要美,农村必须美;中国要富,农民必须富。任何一个国家尤其是大国要实现现代化,唯有城乡区域统筹协调,才能为整个国家的持续发展打实基础、提供支撑。农业落后、农村萧条、农民贫困,是不可能建成现代化国家的。中国共产党始终把解决13亿人的吃饭问题当作头等大事,着力保障主要农产品的生产和供给;始终坚持农业是工业和服务业的重要基础,保护和发展农业,以兴农业来兴百业;始终坚持农村社会稳定是整个国家稳定的基础,积极调整农村的生产关系和经济结构,促进农村社会事业发展,以稳农村来稳天下;始终坚持没有农民的小康就没有全国的小康,千方百计增加农民收入,改善农村生产生活条件,增进农民福祉。

从我国经济社会发展实际来看,农业农村发展自改革开放以来获取了巨大进步,现代化水平也在很大程度上有所提高。但要清醒地看到,我国仍处于社会主义初级阶段,农业农村是国家全面小康和现代化建设中尤其需要补齐的短板;农业受资源和市场双重约束的现象日趋明显,市场竞争力亟待提升;城乡发展差距依然很大,农民收入稳定增长尤其是农村现代文明水平提高的任务十分艰巨。我们必须切实把农业农村优先发展落到实处,深入实施乡村振兴战略,积极推进农业供给侧结构性改革,培育壮大农村发展新动能,加强农业基础设施建设和公共服务,让美丽乡村成为现代化强国的标志,不断促进农业发展、农民富裕、农村繁荣,保障国家现代化建设进程更协调、更顺利、更富成效。

(二)有利于解决我国社会存在的主要矛盾

改革开放推动了我国经济、政治、社会、文化等各个方面的发展,人们的生活质量显著提高,当前我国社会主要矛盾已经转化为人民日益增长的美好生活需要和不平衡不充分的发展之间的矛盾。当前,城乡发展不平衡是我国最大的发展不平衡,农村发展不充分是最大的发展不充分。加快农业农村发展,缩小城乡差别和区域差距,是乡村振兴的应有之义,也是解决社会主要矛盾的重中之重。我国是一个有着960多万平方千米土地、13亿多人口的大国,城市不可能无边际扩大,城市人口也不可能无节制增长。不论城镇化如何发展,农村人口仍会占较大比重,几亿人生活在乡村。即使是城里人,也会向往农村的自然生态,享受不同于都市喧闹的乡村宁静,体验田野农事劳作,品赏生态有机的美味佳肴。当前我国经济比较发达的城市,已经达到了与欧洲、美国不相上下的发达程度,但是很多农村地区与发达国家的差距十分巨大。很难想象,衰败萧条的乡村与日益提升的人民对美好生活的需要可以并存。农宅残垣断壁、庭院杂草丛生、老弱妇孺留守、陈规陋习盛行,显然是我们发展不平衡不充分的具体体现,必须下大决心、花大力气尽快予以改变。要协调推进农村经济、政治、文化、社会、生态文明建设和党的建设,全面推进乡村振兴,让乡村尤其是那些欠发达的农村尽快跟上全国的发展步伐,确保在全面建成小康社会、全面建设社会主义现代化国家的征程中不掉队。

(二)有利于广大农民对美好生活的期待

我们党始终重视农业农村的建设与发展,时代发展对"三农"工作提出了新要求,充分体现了以人民为中心的发展思路,科学回答了农村发展为了谁、发展依靠谁、发展成果由谁享有的根本问题。小康不小康,关键看老乡;强调农民强不强、农村美不美、农民富不富,决定着亿万农民的获得感和幸福感,决定着我国全面小康社会的成色和社会主义现代化的质量;明确要求全面建成小康社会,一个不能少,共同富裕道路上,一个不能掉队。中国共产党一直以来把依靠农民、为亿万农民谋幸福作为重要使命。这些年来,农业供给侧结构性改革有了新进展,新农村建设取得新成效,深化农村改革实现新突破,城乡发展一体化迈出新步伐,脱贫攻坚开创新局面,农村社会焕发新气象,广大农民得到了实实在在的实惠,实施乡村振兴战略、推进农业农村现代化建设的干劲和热情空前高涨。2018年中央一号文件明确提出实施乡村振兴的三个阶段性目标任务:到2020年,乡村振兴取得重要进展,制度框架和政策体系基本形成;到2035年,乡村振兴取得决定性进展,农业农村现代化基本实现;到2050年,乡村全面振兴,农业强、农村美、农民富全面实现。只要我们坚持以习近平新时代中国特色社会主义思想为引领,立足国情农情,走中国特色的乡村振兴道路,就一定能更好地推动形成工农互促、城乡互补、全面融合、共同繁荣的新型城乡工农关系,让亿万农民有更多的获得感,全体中国人民在共同富裕的大道上昂首阔步、不断迈进。

(四)有利于中国智慧服务于全球发展

不断思考、不断创新是我们党的光荣传统,我们党在革命、建设和改革发展进程中,以中国具体实际和现实需要为基础,积极开展实践探索,在国家富强和人民幸福上取得了巨大成就,同时,还为全球进步、发展提供了有益的借鉴。中国围绕构建人类命运共同体、维护世界贸易公平规则、实施"一带一路"建设、推进全球经济复苏和一体化发展等许多方面,提出了自己的主张并付诸行动,得到了国际社会的普遍赞赏。同样,多年来,在有效应对和解决农业农村农民问题上,中国创造的乡镇企业、小城镇发展、城乡统筹、精准扶贫等方面的成功范例,成为全球的样板。在现代化进程中,乡村必然会经历艰难的蜕变和重生,有效解决乡村衰落和城市贫民窟现象是世界上许多国家尤其是发展中国家面临的难题。在拥有13亿多人口且城乡区域差异明显的大国推进乡村振兴,实现产业兴旺、生态宜居、乡风文明、治理有效、生活富裕,实现新型工业化、城镇化、信息化与农业农村现代化同步发展,不仅是惠及中国人民尤其是惠及亿万农民的伟大创举,而且必定能为全球解决乡村问题贡献中国智慧和中国方案。

二、实施乡村振兴战略的整体思路

(一)把握乡村振兴战略实施的关键环节

1. 进一步推进城乡公共服务均等化

当前,我国农村发展与城市发展的差距较大,农村基础设施落后是造成这一局面的重要原因之一,这严重制约了农村的产业发展与进步。《中华人民共和国国民经济和社会发展第十三个五年规划纲要》提出了2020年实现"基本公共服务均等化水平稳步提高"的目标,包括就业、教育、文化体育、社保、医疗、住房、农村道路等基础设施。应该说,自2006年中央一号文件部署社会主义新农村建设以来,农村公共服务供给取得了明显进展,但仍然存在着水平低、城乡接续难和城乡不均衡等问题。因此,要按照国家"十三五"规划纲要的要求,"坚持普惠性、保基本、均等化、可持续方向",围绕"标准化、均等化、法制化",尽快建立国家基本公共服务清单,列出哪些服务应该由政府供给、哪些应该由市场供给,分清政府和市场的职责,促进城乡基本公共服务项目和标准的有机衔接。要借鉴国外经验,推动多元化供给方式,广泛吸引社会资本参与,引入竞争机制,推行特许经营、定向委托、战略合作、竞争性评审等方式。对于一些具有一定营利性的公共服务项目,建议采取政府和社会资本合作(PPP)模式,政府用少量资金以补贴的方式推动项目的开展,由企业负责运行,减轻政府的财政压力,确保公共服务项目的可持续性。公共服务均衡化,财政实力很重要,但关键在于政府的施政理念。实现城乡基本服务均等化,既需要中央的大政方针,更需要一批有能力、对"三农"有感情的基层干部队伍。

2. 加强人才培养,解决资金短缺问题

乡村振兴战略可以大致上划分为两大部分,即乡村治理和产业发展,而人才和资金则是支持这些工作顺利开展的基础条件,同时,我国农业农村发展受到制约的主要因素就是人才稀缺和资金短缺。因此,推进乡村振兴战略,必须抓好人才和资金这两个核心,我们应该积极借鉴发达国家的实践经验,结合我国农业农村发展实际情况,建立健全职业农民制度,加强农业农村人才培养,加强农村专业人才队伍建设,为了鼓励人才参与乡村建设,应该建立科学合理的激励机制。同时,还应该以乡情乡愁为纽带,吸引各个领域的人才积极投身乡村建设和改革事业,充分挖掘人才力量,确保乡村振兴人才稀缺问题得以改善。此外,解决资金紧缺也是一个重要课题,我国财政部门应该进一步加强对乡村建设的财政投入,并且确保专款专用,确保财政投入切实作用于乡村振兴事业,尤其是作用于那些关键领域。加强金融制度的改革和完善,尽可能引导有效金融资源进入农村发挥作用,从而满足农业农村发展提出的多样化需要。除此以外,还应该加强社区性农村资金的建设和发展,充分发挥民间金融组织对乡村振兴的促进作用。

3. 制定并贯彻农村金融支持政策

前面已经提到,资金短缺是限制农村发展的一个重要因素,因此有必要制定农村金融支持政策,以此为农村产业发展提供有效资金支持。因为产业兴旺的外在表现形式就是各类经营主体大发展,这决定了强有力的金融政策支持的必要性。首先,正规金融机构要加大对农业产业化、农村中小企业的支持力度,有针对性地支持一批竞争能力强、带动农户面广、经济效益好的龙头企业和较大型农民专业合作社,稳步增加贷款投放规模,不断创新金融产品和服务,强化对"三农"和县域小微企业的服务能力。其次,支持符合条件的农民专业合作社从事信用合作。在管理民主、运行规范、带动力强的农民合作社和供销合作社基础上,培育发展农村合作金融,不断丰富农村地区金融机构类型。坚持社员制、封闭性原则,不对外吸储放贷、不支付固定回报,推动社区性农村资金互助组织发展。在目前相关法律法规不健全的情况下,要不断完善地方农村金融管理体制,加强对农村合作金融的监管,有效防范金融风险。最后,加大对农业保险产品的供给。农业农村产业风险大、利润薄,必须有一个完善的保险体系承担托底功能。政策性保险机构、商业保险机构要改革当前的保险制度,提供更多的保险产品,满足农业农村产业发展的需要。2017年修订的《中华人民共和国农民专业合作社法》第六十六条规定,"鼓励农民专业合作社依法开展互助保险",有利于小规模农户和家庭农场等新型经营主体在保险领域开展合作,也有利于商业保险机构在农民合作的基础上推广保险产品。

(二) 充分发挥村"两委"在乡村振兴中的作用

村"两委"是指村中国共产党支部委员会和村民自治委员会。乡村振兴需要落实于乡村,这就决定了村"两委"发挥作用必然是战略实施的一个关键环节。在新时代,村"两委"的工作重点,就是要按照实施乡村振兴战略"产业兴旺、生态宜居、乡风文明、治理有效、生活富裕"的总要求把农村工作做好。

1. 推进农村集体产权制度改革

目前,开展集体产权制度改革试点的县(市、区)已经超过 1 000 个,超过全国县级单位总数的三分之一。从试点村的改革实践情况可以看出,集体产权制度改革在很大程度上推动了村集体经济收入增长和经济发展。村"两委"的同志要按照中央的要求,积极推进集体产权制度改革,并在改革中找到进一步发展农村集体经济的途径。尤其是对于那些集体经济家底比较薄弱的村,要充分挖掘现有资源、资金、资产的潜力,该入股的入股,该变现的变现,该出租的出租,通过各种途径增加集体收入,提升村"两委"为人民服务的能力。

2. 强化乡村文明建设,开展科学有效的乡村治理

改革开放带来了经济发展,但计划经济体制向市场经济体制的转变对农村发展造成了一定冲击,很多农村地方舍弃了维系其凝聚力的传统文化,导致人心涣散,有的地方甚至犯罪率上升,更谈不上经济发展。在新的历史时期,要把全体村民凝聚到十九大精神上来,就要重新找回传统文化中精华的东西,在现代村民自治加法治的框架内植入中国传统文化的德治的内容,实现"自治、法治、德治"有机结合,用中国传统文化中"德"这一要素来沁润、感化、引导村民,使其自觉遵纪守法,不断提高村民自治水平,这是实现"农业农村现代化"和"乡村振兴战略"的先决条件。乡村治理中实施"三治"相结合,党员干部必须带头孝敬老人,遵纪守法,团结友爱,树立新风尚、新气象;对于村中出现的好人好事要及时予以表彰,对于失德现象要及时予以批评教育;要形成乡村抑恶扬善的机制,使想恶者不敢恶、不能恶,并逐渐戒掉恶习,养成善习。

3. 加强农民专业合作社的培育和发展

我国应该培育新型农业经营主体,健全农业社会化服务体系,实现小农户和现

代农业发展有机衔接。其中,农民专业合作社是最重要的经营主体,并且在整个农业经营体系中居于中坚环节。实践证明,无论是新办还是加入合作社,村"两委"的带头示范都会起到意想不到的作用。对于已有合作社的村,可以尝试用集体资产(如房屋、设备等)和资源(如仍由集体统一经营的水面、池塘、果园、荒山荒坡等)入股,一方面有利于合作社的经营活动,另一方面也可以为农村集体获取一部分收益。此外,村"两委"还要指导合作社的规范发展,即按照修改后的《农民专业合作社法》的要求,定期召开成员大会或成员代表大会,在决策中贯彻以基本表决权为主、附加表决权为辅的原则,在盈余分配中贯彻以按交易量(额)分配为主的原则。实践证明,只有规范的合作社才能调动广大成员的积极性,确保可持续发展。

三、乡村振兴的实施要点

(一)明确村民的主体性,保证战略实施的根本目的是实现人的幸福

村民是乡村生活的主体,这里的村民是指原有村民、产业新村民和消费新村民(具有阶段性或短时性),我国大力推进乡村振兴战略的实施,根本目的在于实现乡村主体的幸福生活愿望。因此,乡村振兴的发起、研究、实施,都要突出主体的参与性、能动性。

发起乡村振兴需要有的内生动因提供支撑,这可以是自发的也可以是外部激发的,只有村民自身有发展的意愿、有对更加幸福生活的追求,乡村振兴才有了真正的土壤。内生动因的形成,一方面靠村民自身的需求,另一方面也靠有意识、有组织的引导和激发。乡村强则中国强,乡村美则中国美。

在制定乡村振兴方案时,必须尊重村民的主体性,要使全体村民参与方案制定的全过程,也就是说从调研、初步方案、方案论证到模拟实验等环节,实现全体村民的全程参与。不同阶段,参与人群不同,参与方式也不同,总体要做到公开、透明、动态化。尊重主体的发展意愿,尽量满足主体的发展诉求。

乡村振兴的实施,更需要村民的全力参与。乡村振兴,就是村民振兴,村民要从意识、理念、土地、房屋、精力、财力等各方面参与到集体的振兴行动中,形成统筹

共建、和谐共享的格局。

乡村生活主体是乡村振兴的主要服务对象,是战略实施的核心,但除此以外,战略实施过程中,还应该正确处理政府、第三方服务机构、外来投资运营主体的关系。在全面乡村振兴的开始阶段,尤其是"十三五"时期,政府是乡村振兴的主导力量,承担着整体谋划、顶层设计、政策支持、改革创新、分类组织、个体指导、实施评估等任务。第三方服务机构,一般是政府或者村集体聘请进行乡村振兴规划设计、公共建设、产业运营的机构,承担着专业化咨询建设运营工作,是乡村振兴中的外部智囊、专业助手,也是保障乡村振兴科学、可持续进行的重要力量。同时,在乡村进行传统文化传承创新、现代产业发展构建的过程中,外来专业的投资运营力量也是振兴发展的机遇和重要推力。根据乡村的产业构建方向,进行针对性的招商引资,由投资方通过规模性投资加快产业力量形成、提升产业规范化、增加产能,由运营方通过专业化的运营管理,进一步推动乡村产业专业化、杠杆化发展。

制定并实施贯彻乡村振兴战略,根本目的在于满足村民对美好生活的愿望,根本在于乡村生活主体自身的幸福。对于大部分村庄来说,尤其要关注儿童、老人、妇女等特殊人群的需求。因此,在乡村振兴的顶层设计、方案制定、系统实施过程中,教育、养老、医疗、乡村文化活动都是必须要重点考虑的内容。乡村振兴,要让儿童在乡村里能够得到良好的教育,有适宜的游戏、活动空间,儿童的成长状况有人关心,有科学体验和儿童保健。乡村振兴,要让老人在乡村有适宜的休闲、群体活动场所,老人的健康检查和病理看护有良好的安顿,高龄老人有所陪伴、有人照料。让老人与儿童之间有安全的得到保障的传承空间、温情的家庭生活。乡村振兴,要让妇女在乡村得到足够的尊重,有同等的教育权、决策权、劳动权和获得报酬的权利,让妇女在乡村拥有追求幸福生活的自由空间。

在乡村生活主体中有一部分为特殊群体,乡村振兴还应该满足这一群体对幸福生活的追求,要为他们提供足够的权益保障和自由幸福生活的空间。同时,需要乡村产业得到足够的发展,通过可持续的、富有竞争力的产业构建,打造发展平台,提供就业岗位,创造创业空间,让年轻人在乡村能够安放下青春,谋得生活,温暖他们的家庭,承担他们该承担的抚养、陪伴、精神支柱的责任。同时,乡村的文化建设、传统的家庭伦理、村落治理追求、文明的群众生活秩序,也是人们获得幸福感的重要保障。

乡村振兴应该吸引村民主动回到家乡建设,引导那些外出务工人员返乡就业、创业,引导外出求学的学子完成学业后回乡建设,反哺给他们的乡村,需要政府创新乡村产业机制、政策支持、各类保证,需要村民合力创造良好的产业环境。

同时,乡村振兴的过程中也要重视、欢迎由于投资创业、消费生活等来到乡村的"新村民"。关心他们的诉求、需求,创造他们便于创业、安于生活的条件和环境,吸引他们来,把他们留住,形成乡村发展的活力群体。

(二)实行生态式发展模式,促使乡村实现有机生长

推动乡村振兴的一个关键点在于转变发展理念,应该贯彻落实有机生长的村落发展理念。通过对国内保存较为完整的古村落和城镇进行分析,会发现其选址建设过程中都关注所处的生态环境系统,对山水林田湖草生态系统具备天生敬畏。回到当下,随着人类生存并改造自然生态系统能力的增强,在村落的生存发展过程中出现了自然生态系统的缺位发展。

1. 推动生态环境与产业发展的和谐统一

产业兴旺是乡村振兴的基础,生态宜居是乡村振兴的关键,产业与生态的有机融合,是乡风文明、治理有效、生活富裕的重要支撑。推进产业生态化和生态产业化,是深化农业供给侧结构性改革、实现高质量发展、加强生态文明建设的必然选择。

2. 构建"三生融合"的村落发展空间

"三生融合"是指乡村生产、生活、生态的有机融合,实施乡村振兴战略,应该以"三生融合"为原则进行空间规划,重新定义村庄发展格局,实现城乡空间的有效融合。村庄生活空间要考虑村落原有居民和外来客群的舒适度,系统规划布局让人们充分体验乡土文化的生活空间;要充分考虑村庄居民产业构建、展示和体验空间,构建区域内完整的产业发展空间;要完善生态空间,综合考虑村庄生态系统及容量,设计村庄居住人口、产业发展和游客接待等上限。

3.构建生态持续的生活系统

我国从古至今都崇尚"天地人合一"的生活理念,当前,乡村生活主体依然以此作为其重要的生活信仰。传统的生活系统能让人们体验与自然系统的全方位联结关系,让人们享受每天与土壤、水、风、植物、动物的互动,同时尊重自然的循环。建立契合区域生态系统的生活方式,包括构建村庄生活公约,从能源、材料、食物等多个方面实现生态可持续发展。

4.乡村建设中贯彻落实生态建设原则

村庄在建设过程中的材料运用、技艺运用、景观环境打造上要全面落实生态建设理念。建筑材料选择上凸显与区域环境匹配的乡土性,乡土建材包含砖、石、瓦、木材、竹材等,给人以温暖、质朴、亲近之感;乡村景观植物选择凸显区域气候特色,考虑区域气候、土壤、光照、水文等因素的影响选择地域特色植被,提高生物多样性,降低养护成本;乡村技艺环境要突出工匠精神,挖掘村庄地域传统的建筑工艺、木匠、编织、彩绘和建造等传统技艺。

(三)推动乡村振兴相关制度改革,建立健全乡村振兴动力体系

1.推进土地制度改革创新

土地制度改革直接影响农业农村发展,这是乡村振兴战略的一项重要内容。2018年中央一号文件对深化农村土地制度改革,部署了多项重大改革任务,吸引资金、技术、人才等要素流向农村,如探索宅基地所有权、资格权、使用权"三权"分置改革等。《乡村振兴战略规划(2018—2022年)》进一步明确指出在符合土地利用总体规划前提下,允许县级政府通过村土地利用规划调整优化村庄用地布局,有效利用农村零星分散的存量建设用地。

2.推进资金政策改革创新

资金短缺是限制我国农业农村发展的主要因素之一,"钱从哪里来的问题"是乡村振兴战略实施必须解决的一个关键问题,根据我国农业农村的实际发展情况,我国政府提出要加快形成财政优先保障、金融重点倾斜、社会积极参与的多元投入格局,确保投入力度不断增强,总量不断增加。

为了拓宽农业农村的资金获取渠道,政府部门应该制定相应的鼓励政策,建立健全乡村金融服务机制,只有这样,才能打破现有的乡村发展金融供给不足,尤其是农业农村经营主体获得信贷的难度较大、可能性较小的困境。同时,创建新型金融服务类型,鼓励投资金融主体多样化获取投资和可持续发展的资金,引导乡村筹建发展基金,合法合理放开搞活金融服务机制,打破乡村发展信贷瓶颈。创新农村金融服务机制,推进"两权"抵押贷款,推广绿色金融、生态金融、共生金融理念,探索内置金融、普惠金融等新型农村金融发展模式,实现金融服务对乡村产业、乡村生活全覆盖,为乡村建设提供助力。

3. 推进人才政策改革创新

村民是乡村生活主体,是乡村振兴的核心,政府是乡村振兴的主导机构,除了村民和政府外,乡村振兴的参与主体还包括第三方机构、投资主体、乡村新居民以及乡村志愿者等。新居民包括来乡村就业、创业、休闲、度假、养老等群体。第三方机构、乡村新居民、乡村志愿者是乡村振兴的"新"力量,他们带着新理念、新资源、新动力来到乡村,是乡村发展的重要变量。

充足的人才储备是乡村振兴的重要前提和保障,因此必须重视人才培养。政府应出台一系列针对乡村振兴的人才政策:一是针对本土人才的政策,包括本土人才的选拔、培养、激励等,给出资金、体制、机制、税收、共建共享等方面的整套政策;二是针对外来人才的政策,应针对如何吸引、鼓励外来人才来乡村就业创业,如何留住外来人才,如何产生人才带动效应等出台系列政策。

要发挥各市场主体的作用,建立健全政府引导、市场配置、项目对接、长效运转、共建共享的人才振兴工作机制。鼓励地方大力实施本土外流人才还乡的"飞燕还巢计划",以及以乡村振兴创新创业空间和项目集群为核心的外来人才"梧桐树计划",既源源不断地自生人才、召回人才,又能持续地吸引人才,形成多元共建、充满活力的乡村人才振兴局面。

(四)推动产业协调发展,构建村民共建共享机制

乡村振兴的一项重要内容就是实现农业农村各相关产业的协调发展,村集体

经济的壮大则是实现乡村产业振兴的重要基础,也是最终实现乡村振兴的可持续保障。

壮大村集体经济是实现乡村振兴战略目标的必然选择,在此过程中需要注意以下几个方面的内容:一是打造一支具备绝对领导力的村两委领导集体;在村民自愿的基础上,成立村集体合作社或专项合作社;二是把村里零星分散或者闲置的土地、房屋、草场、林地、湖泊、废弃厂房等,进行整理,请专业机构进行评估,实现资源变资产,并将该资产纳入村集体合作社,进行统一规划、经营、开发、利用;三是依托合作社,引入社会企业,成立股份公司,合作社代表村集体和村民以资源入股,社会企业以资金入股,共同构建实施乡村振兴发展的企业;四是拓展产业发展内容,依托乡村产业基础和文化生态资源,推进精品手工文创、农林土特产品、文化生态旅游、农副精深加工、田园养生度假、乡村健康养老等产业内容;五是坚持推动村民的共建共享,将村民纳入村集体社会经济发展的平台上,农民通过土地入股、技术入股、房屋入股和劳动力入股等方式获得相应的分红;六是建设村民创业发展公共平台,为村民自主创业提供资本、技术、设备、培训和场地等方面的支持。

(五)构建现代泛农产业体系,促进业态健康发展

传统农业产业结构已经不能适应农业现代化建设的要求,这就要求我们必须对原有产业结构进行适当的优化升级,这也是乡村振兴的一项重要内容。坚持以市场需求为导向,找准方向,按照一、二、三产业融合发展的理念,提升农业农村经济发展的质量和效益。在产业类型上既要对传统农业进行提质增效,又要在市场需求的基础上,进行跨产业整合,实现农业与旅游的融合、农业与文化的融合、农业与养老的融合、农业与健康产业的融合等,延长产业链、拓宽增收链,构建现代泛农产业体系。

以乡村产业发展为中心,依托大数据,灵活运用互联网、物联网、区块链等先进科学技术,打造产业运营平台、资源整合平台、产品交易平台、品牌营销平台、人才流动合作平台、项目对接平台、乡村文创平台等,凝聚力量,促进乡村产业兴旺发达。要以特色突出、优势明显、竞争力强大为原则,构建乡村现代泛农产业体系,同时,要深挖产品价值,匠心培育市场需要,且具有很强增长性的新业态。以乡村旅

游为例,就可以根据资源和条件,开发乡村共享田园、共享庭院、民宿、文创工坊、亲子庄园、享老庄园、电商基地、采摘园、乡野露营等业态,需要村集体、村民创业者、外来投资者多方共建。

(六)重视农村精神文明建设,以乡村 IP 为基础实现高质量发展

乡村的精神文明建设也是乡村振兴的重要组成部分,在战略实施过程中,必须将继承保护和创新发展乡村文化作为一项重要任务。乡村文化拥有独立的价值体系和独特的社会意义、精神价值。在乡村振兴的推进过程中,首先要保护乡村的灵魂,要保护好乡村文化遗产,组织实施好乡村记忆工程,要重塑乡贤文化,要恢复传承传统民俗。

推动农业农村发展,必须有文化支撑,这就要求我们必须传承和发展乡村精神,并根据现代化要求提炼和创新这些精神文化,建设符合乡村振兴需要的时代文化堡垒。充分挖掘乡村传统文化的底蕴、精神和价值,并赋予时代内涵,发挥其在凝聚人心、教化育人中的作用,使之成为推动乡村振兴的精神支柱和道德引领。大力提升乡村公共文化服务水平,丰富乡村公共文化生活,让本土村民、乡村新居民能够享受到丰富的文化生活,创建新的乡村文化体系。

通过建设乡村文化 IP 传承和发展乡村精神文化是一个可以获得良好效果的途径。让文化创意产业成为乡村富民的重要产业支撑,文化创意产业可与乡村一、二、三产业融合发展,提升乡村产业附加值。对于乡村振兴来讲,打造爆品 IP 可以提高知名度,增强识别力,形成竞争力。在乡村振兴中要尽可能培育具备自身特色或导入具备市场影响力的 IP,以推动乡村产品的附加值、区别度、识别度、影响力和吸引力。

第四节 国外乡村发展的经验

一、美国乡村发展实践经验

在当今世界,美国的工业化、城镇化、现代化程度均处于领先地位,在城乡均衡发展、一体化统筹推进的实践中也取得了不错的成绩。美国的乡村发展主要具备以下几个特点:一是农业以家庭农场为基础,产业化水平高。二是科技对农业的支撑有力。突出科研与生产的紧密结合,注重成果的转化,重视新品种、新技术、新设备和新管理方式在农业农村的应用,建立农技推广站,开展多元化的农民职业技术教育。三是加强农村基础设施建设。广大乡村的基础设施、社会事业和公共服务与城市差别不大,到城市或产业园上班,回小镇或乡间生活,成为许多美国人的常态。四是城乡流通体系发达。普遍采用区域化分工和专业化种植,新鲜农产品以直销为主,产地与超市、连锁经销网络直接对接,较好地实现从田间到餐桌的一体化营销。五是健全城乡统筹发展的法律和政策体系。政府出台一系列优惠政策,鼓励工人和居民从城市迁往郊区。通过保护性收购政策和目标价格支付相结合的做法,采用灵活性补助措施,稳定和提高农民的收入。联邦政府和地方政府按一定比例出资,对农业农村项目给予补贴。六是农业对国际市场的依赖性较大。出口量占农产品总量的20%左右,一旦国际市场发生变化,容易出现农产品过剩。

二、法国乡村发展实践经验

法国农业发展经历了从传统农业到现代农业的转变,当前,法国已经成为农村品生产和出口为特征的国家,并且在统筹城乡区域发展方面的实践上也获得了一定成就。一是中小农场的经营方式与农工商一体化紧密结合。法国55万多平方千米的国土大多为丘陵,土地资源丰富,海洋性气候温和,降水量适宜。耕作面积在82公顷以下的农场占绝大多数,土地租赁经营的比重较高,国家加大生产补贴以鼓励发展农业。农业专业化生产与各类生产资料的供应以及农产品的运输、加工、贮存、销售紧密对接,进行统一经营,"农工商综合体"应运而生并不断壮大;二是用法律和政策调控产业布局。从20世纪60年代起,巴黎市中心征收"拥挤税",政府对由中心区搬到郊区的工厂给予优惠的搬迁补偿费。20世纪60年代中期,巴黎建立了由农业区、林业区、自然保护区和中小城镇组成的乡村绿化带。三是整合促进乡村发展的力量。将早期乡村开发中设立的众多机构进行改革,把名目繁多的各种补贴统一为国土整治奖金,改变了政出多门、资金分散、效率低下的弊端。为支持落后乡村地区,法国政府签署了发展计划合同,60%的资金由国家财政承担,其余的则由地方负责。四是重视农业科技和农民教育。规定必须接受过9年义务教育,进农业基地学校学习3个月,再到农场实习3年,期满经考试合格毕业后,到专门的农业学校学习过农场管理知识,才具有经营农场的资格。完善农业基础研究、应用研究和技术推广体系,更好地发挥科技对农业的支撑作用。五是重视为农村提供与城市大致相同的公共服务和发展机会,健全农业人口的社会保障制度,在乡村布局既有农业生产功能,又有居住区、娱乐区和自然生态保护区的城镇,带动城乡一体化发展。

三、德国乡村发展实践经验

第二次世界大战对德国社会造成重创,在经过半个多世纪的恢复和发展后,德国基本上实现了工业化、城市化与农业农村现代化的同步发展,基本上消除了城乡发展不同步的鸿沟。第二次世界大战后,德国为了应对农村产业、环境污染、科技不足、老龄化等方面存在的问题,在实践中进行了各种探索并取得了一定成果。一是加强对农业农村的保护和投入。以《农业法》《合作社法》等为重点形成保障"三农"的法律体系,对农业农村实施种类繁多的扶持和补贴政策。重视对农村教育、卫生、能源、交通等多方面的投入,力求公共服务水平与城市基本相当。突出生态优先、可持续发展,注重保护自然景观和生态物种,强调既要留住青山,又要留住青年。二是构建合作化体系。发展农村合作经济组织,减少生产交易活动中的损失,共享农产品加工营销的增值效应,实现大型农机设施、农资供应、病虫害防治、农技服务等方面的分工协作,形成农场主、地区联盟、全国联盟三个层次有机结合的结构性支撑。三是大力发展绿色农业。强化生态环保、发展有机农业已形成共识并日益深入人心,通过完善法律法规,实施检测和追溯制度,实行奖惩等手段,发展绿色农业,生产有机食品。四是以现代科技助推农业。运用物联网、大数据、云计算等技术,加大机器人、卫星遥感、传感器等的应用推广,促进农业向精准化、智慧化方向发展。五是全面提升农村生产生活条件。大力实施数字化基础设施改造、污水处理设施改造、交通工具的无障碍化改造等,推出"学在当地""人才伙伴计划""专业人才攻势"等计划,加大农村专业人员培训,不断为农村地区补充人力资源。六是持续开展农村竞赛。涵盖发展观念与经济创新、农村社区组织与文化建设、建筑意象与居住品质、绿化园艺与人文景观等多个方面,促进农业农村可持续发展。

四、巴西乡村发展实践经验

相较于美国和欧洲国家,拉丁美洲的国家在城乡发展上呈现出显著差别。巴西社会发展经历了重工轻农、重城轻乡的发展阶段,这导致其城乡发展存在较大差距。在城市加快现代化的同时,乡村发展明显滞后,大批劳动力涌向城市却又得不到稳定的就业和居所,在一些大城市的城郊接合部形成了特殊的贫民窟现象。由于不能很好地解决城乡统筹发展的问题,社会动荡情况明显加强,对经济发展形成拖累,国民经济在较长时间里处于徘徊甚至倒退的状况。20世纪60年代以后,巴西开始实施城乡联动、统筹发展的新探索。一是形成带动农村的新增长极。国家为加快边远农村开发,以玛瑙斯市为中心建立增长极,带动整个亚马孙地区的发展。通过完善基础设施、鼓励资金投入、发展科技教育等措施,促进经济增长由中心城市向外围区域拓展。同时,引导和扶持小城镇兴起,在广大乡村形成多个经济增长点。二是加大政府投入,改善农业农村发展的基础条件,增加对农业的补贴。三是进行农村土地制度改革。联邦政府提供信贷,鼓励购买乡村地产,促进基础设施建设和发展农业生产。四是重视发挥社会组织作用。政府把原来直接承担的培训、信息、技术等服务工作,转为由民间组织实施,并给予必要的资助,以进一步推进城乡社会组织的发展和城乡融合。

五、日本乡村发展实践经验

当前,日本基本上实现了城市和乡村的同步发展,但是在其工业化、城市化的过程中也出现过城乡发展不平衡的问题,为了解决这一问题日本进行了各种尝试。从20世纪60年代起,日本通过制定《农业基本法》和全国综合开发计划、"农村引进工业促进法"等,配套相应的政策措施,解决产业合理布局、区域均衡发展问题,着力缩小城乡差距。政府重视建设农村基础设施,加大对农村生活环境的整治和对乡村的保护与投资。鼓励工业由大都市向中小城镇和农村转移,推动农村工业化。推进农村土地规模经营,出台专门的法律和政策,支持以土地买卖和土地租借为主要形式的土地流动。在加快发展农村基础教育的同时,特别注重农村职业技术教育,为提高一、二、三产业效率和促进农村的城市化打实基础。促进农业科技进步,大力应用先进的品种、农资和技术,工业向农业提供质优价廉的生产资料,推动农业的机械化、化学化、集约化生产经营。建立起以医疗保险和养老保险为主的农村社会保障体系,城乡实行一体化的国民公共医疗和养老保险制度。积极发展农业协会,基本覆盖各町村,为广大农户提供生产生活服务,有效促进了农业劳动生产率和农民生活质量的提高。日本还建立农村劳动力服务体系,促进农民就业,并形成政府、金融机构、企业等社会力量和农民共同参与农村建设的机制。但日本在统筹城乡区域发展上也面临挑战,主要表现在:一是农村老龄化问题突出,青壮年农业人口减少,农业后继无人;二是农村被抚养人口的比例越来越高,医疗与养老保险负担日益沉重;三是发展现代农业和造村运动,导致水体环境污染、土壤生态失调,对自然生态造成损害。

六、韩国乡村发展实践经验

国土面积小、人口众多是韩国的基本国情,并且韩国的土地资源有70%为丘陵,这进一步限制了其农业发展。第二次世界大战结束时,韩国是传统的农业国家,农民生活贫困。20世纪60年代初,全国农村人均年收入仅为60美元左右。在工业得到快速发展的同时,韩国也面临二元经济挑战,城乡差别和工农失衡严重制约着经济社会的协调发展。为了推动乡村发展,实现城乡协调均衡发展,韩国政府于1970年启动"新村运动",这一建设实践主要包括以下内容:

一是根据乡村的实际情况采取具有针对性的差别化支持政策。把全国3万多个村庄分为基础村、自助村和自立村,对村民齐心协力搞基础建设、用自身奋斗改变村庄面貌的,加大钢材、水泥等物质奖励;对那些行动不快、建设成效不佳的村,则减少资助。二是鼓励发展合作金融。以基层农协为中心,支持自办合作金融,从协会成员中集聚资金贷给其他成员,为农民提供农业生产及日常生活所需资金。三是各方协力推进新村建设。农村道路修建、电力通信、医疗服务等涉及多个部门,国家建立相关部门参加的工作协调与评议机制,整合扶持资金,共同为推进"新村运动"献计出力。四是开展育人工程。设立中央研修院和地方相应培训机构,加强对农村各阶层骨干人员的培训,重点突出理念创新、区域开发、经营管理等方面内容;对普通农民则侧重开展技术培训。同时,组织"新村"指导员、公务员、大学生参加志愿者服务行动,既增加了队伍力量又有助于提高工作实效。五是发挥村民的主体作用。让农民自主选举指导员,自主决定项目建设和时间进度。政府注重征求农民意愿,最大限度地调动农民的积极性和自信心,培养农民自主、自助、自强、合作的精神。六是加快农村设施建设。兴修和提升道路、水利等设施,发展农村电网,设置公用电话,改善农村环境,修建农村供水、排污等系统和公共澡堂、公用水井及洗衣房。推进农村工厂规模化,将工业区建在乡村人口密集地,推动城乡均衡发展。

第五节 乡村振兴的中国特色

中国特色社会主义乡村振兴道路是中国特色社会主义道路的重要组成部分。那么,怎样处理走中国特色社会主义乡村振兴道路与有效借鉴国际经验的关系?

(一)国际经验教训可从不同角度对中国实施乡村振兴战略提供借鉴启迪

在今后相当长的时期内,如何协调推进工业化、信息化、城镇化和农业农村现代化,仍然是一个严峻挑战。长期以来,为解决"三农"问题,为协调处理工业化、信息化、城镇化和农业农村现代化的关系,许多国家进行了大量富有创造性的探索。早在20世纪70年代,欧盟共同农业政策就开始关注农场现代化问题,并帮助山区等发展条件较差地区的农民参与发展。2007—2013年的欧盟农村发展政策围绕提高农林业竞争力、改善乡村环境和提高农村生活质量、推动农村经济多样化等轴线展开。由于诸多原因,巴西在推进工业化、城市化的过程中,出现区域、城乡发展失衡和过度城市化、城市贫民窟等严重问题。先行国家的探索和经验教训,可以从正反两方面对中国提供借鉴和启迪,有利于拓展中国推进乡村振兴的视野和选择空间,少走弯路。

(二)推进乡村振兴必须立足国情农情、借鉴国际经验、强化中国特色

在中国实施乡村振兴战略的过程中,不注意借鉴国际经验教训,绝非明智之举。但由于具体国情农情,特别是资源禀赋、发展阶段和发展背景与许多国家有很大不同,加之中国推进工业化、信息化、城镇化和农业现代化的方式,不像许多先行的发达国家那样更多呈现"按部就班"的特点,在更大程度上具有压缩性、叠合性和加快融合性的特点,如工业化尚未完成,信息化已加快启动,信息化与工业化、城镇化、农业现代化融合发展的特征日趋鲜明,这会给协调推进工业化、信息化、城镇化和农业农村现代化,构建新型工农城乡关系提供新的机遇,也带来复杂严峻的挑战。因此,相关国际经验和教训只宜作为中国实施乡村振兴战略的借鉴和参考,不宜照搬照抄;联系国情农情、时代特征和战略要求,对国际经验进行批判性的吸收借鉴和与时俱进的改造提升,才是中国的上策。况且,部分国家、部分时期解决"三农"问题、构建工农城乡关系的许多探索未必成功,其短期效果和长期影响是否差异悬殊也有待进一步观察。

在解决"三农"问题,协调推进工业化、信息化、城镇化和农业农村现代化的关系方面,许多国家的战略和政策经历了长期演变的过程,打下了所处时代的深刻烙印。其经验教训的借鉴启示意义,更多的具有松散型、碎片化或组团性的特点,并且更多地表现为某些维度、某些侧面,且成效各异。迄今为止,像中国这样准备大规模、长期持续性地"举全党全国全社会之力,以更大的决心、更明确的目标、更有力的举措"推进乡村振兴,在世界发展史上尚属首次。因此,在中国实施乡村振兴

战略,更需要基于世情国情农情和发展阶段的变化,按照立足当前、着眼长远、以我为主、为我所用的原则,在批判性地借鉴国际经验教训的同时,将加强顶层设计与鼓励基层自主探索相结合、整体推进和重点突破相促进,积极探索并集成提升富有中国特色的社会主义乡村振兴道路。推进中国乡村振兴的高质量发展,既是当务之急,也是战略需要。

(三)新时代大国发展逻辑转型更需要推进乡村振兴立足国内、以我为主

随着中国特色社会主义进入新时代,中国发展的外部环境和内部条件正在面临重大阶段性转变,中国经济、政治、文化、社会、生态文明建设的发展逻辑正在面临深刻转型,并影响工农城乡关系的重塑、乡村功能价值的审视和改造提升。从国际上看,尽管就总体而言,中国与发达国家相比仍有很大差距,在主要人均指标上尤其如此,但中国经济总量已经稳居世界第二,发展的步伐明显快于全球影响力较大的大多数国家,近年来中国在经济、政治、文化、社会、生态文明建设方面的国际影响力已明显提升。在少数领域,中国的创新能力建设和消费结构升级已经或正在实现由对国际先进水平"跟跑"向"并跑"或"领跑"的转变。作为一个后发的发展中巨国,中国人口众多,近年来以人口老龄化提速为主线,人口进而劳动力结构、消费群体结构正在发生迅速变化,并对实施乡村振兴战略的人口、人才支撑和要素供给结构、社会需求结构转型,对重新审视和改造提升乡村的功能价值产生深刻影响。在此背景下,实施乡村振兴战略,如果过度寄希望于国际经验,甚至对少数发达国家"亦步亦趋",就很容易面临国际经验供给"短缺",导致推进乡村振兴无所适从的问题。立足国内、以我为主,探索中国特色社会主义乡村振兴道路,才能更好地让实施乡村振兴战略的宏伟蓝图"落地生根",并"开花结果";也才能更好地统筹利用国内国际"两种资源""两个市场",更好地调动一切积极因素促进乡村振兴高质量发展。

此外,中国有源远流长、丰富多彩的历史文化,有长期积累的发展基础和经验教训,有近年来推进社会主义新农村和美丽乡村建设打下的扎实基础,特别是有坚持和完善党对"三农"工作领导的政治优势,中国特色社会主义进入新时代的发展环境和庞大、旺盛的国内需求。这是中国实施乡村振兴战略面临的重要环境背景。

在实施乡村振兴战略的过程中,只要顺势而为、有效作为,坚持立足国内、以我为主、走中国特色社会主义乡村振兴道路,就很有可能将这些重要的环境背景转化为推进乡村振兴的环境优势,在借鉴国际经验基础上,有序推进乡村振兴高质量发展,探索形成可供借鉴的国际经验,为后发国家协调推进工业化、信息化、城镇化和农业农村现代化贡献中国智慧和中国方案。

第二章　推进乡村振兴的战略方针

科学理解推进乡村振兴的重大战略导向,对于更好地实施乡村振兴战略具有重要意义。

实施乡村振兴战略,已经成为新时代做好"三农"工作的总抓手,也是协调工农城乡关系的行动指南。在此背景下,科学理解推进乡村振兴的重大战略导向,对于更好地实施乡村振兴战略具有重要意义。推进乡村振兴的重大战略导向,主要包括3个方面,即坚持高质量发展、坚持农业农村优先发展、坚持城乡融合发展。

第一节　坚持乡村振兴的高质量发展

实施乡村振兴战略是建设现代化经济体系的6项主要任务之一,尽管实施乡村振兴战略涉及的范围实际上超出经济工作,但推动乡村振兴高质量发展应该是实施乡村振兴战略的基本要求和重大导向之一。在实施乡村振兴战略的过程中,坚持高质量发展的战略导向,需要弄清楚什么是乡村振兴的高质量发展,怎样实现乡村振兴的高质量发展。

乡村振兴的高质量发展,第一体现在顺应社会主要矛盾的变化,突出抓重点、补短板、强弱项的要求。随着中国特色社会主义进入新时代,中国社会主要矛盾转化为人民日益增长的美好生活需要和不平衡不充分发展之间的矛盾。实施乡村振兴战略的质量如何,首先要看其对解决社会主要矛盾有多大实质性的贡献,对于缓解工农城乡发展不平衡和"三农"发展不充分的问题有多大实际作用。比如,随着城乡居民收入和消费水平的提高,社会需求结构加快升级,呈现个性化、多样化、优质化、绿色化迅速推进的趋势。这要求农业和农村产业发展顺应需求结构升级的趋势,增强供给适应需求甚至创造需求、引导需求的能力。与此同时,对农村产业发展在继续重视"生产功能"的同时,要求更加重视其生活功能和生态功能,将重视产业发展的资源环境和社会影响,同激发其科教、文化、休闲娱乐、环境景观甚至体验功能结合起来。尤其是随着"90后""00后",甚至"10"后逐步成为社会的主流消费群体,产业发展的生活、生态功能更加需要引起重视。以农业为例,要求农业在"卖产品"的同时,更加重视"卖风景""卖温情""卖文化""卖体验",增加对人才、人口的吸引力。近年来,电子商务的发展日益引起重视,一个重要原因是它有很好的链接和匹配功能,能够改善居民的消费体验、增进消费的便捷性和供求之间的互联性;而体验、便利、互联正在成为实现社会消费需求结构升级和消费扩张的重要动力,尤其为边角化、长尾性、小众化市场增进供求衔接和实现规模经济提供了新的路径。

  乡村振兴的高质量发展,第二体现在贯彻新发展理念,突出以推进供给侧结构性改革为主线的要求。推进供给侧结构性改革的核心要义,是按照创新、协调、绿色、开放、共享的新发展理念,提高供给体系的质量、效率和竞争力,即增加有效供给,减少无效供给,增强供给体系对需求体系和需求结构变化的动态适应和反应能力。当然,这里的有效供给包括公共产品和公共服务的有效供给。这里的提高供给体系质量、效率和竞争力,首先表现为提升农业和农村产业发展的质量、效率和竞争力;除此之外,还表现在政治建设、文化建设、社会建设和生态文明建设等方方面面,体现这些方面的协同性、关联性和整体性。解决好"三农"问题之所以要被始终作为全党工作的"重中之重",归根到底是因为它是一个具有竞争弱势特征的复合概念,需要基于使市场在资源配置中起决定性作用,通过更好发挥政府作用矫正市场失灵问题。实施乡村振兴战略旨在解决好"三农"问题,重塑新型工农城乡关系。因此,要科学区分"三农"问题形成演变中的市场失灵和政府失灵,以推进供给侧结构性改革为主线,完善体制机制和政策环境。借此,将支持农民发挥主体作用、提升农村人力资本质量与调动一切积极因素并有效激发工商资本、科技人才、社会力量参与乡村振兴的积极性结合起来,通过完善农村发展要素结构、组织结构、布局结构的升级机制,更好地提升乡村振兴的质量、效率和竞争力。

  乡村振兴的高质量发展,第三体现为协调处理实施乡村振兴战略与推进新型城镇化的关系。在十九大报告和新版《中国共产党章程》中,乡村振兴战略与科教兴国战略、可持续发展战略等被列入,但新型城镇化战略未被列入要坚定实施的7大战略,这并不等于说推进新型城镇化不是一个重要的战略问题。之所以这样,主要有两方面的原因。(1)城镇化是个自然历史过程。虽然推进新型城镇化也需要"紧紧围绕提高城镇化发展质量",也需要"因势利导、趋利避害",仍是解决"三农"问题的重要途径;但城镇化更是"我国发展必然要遇到的经济社会发展过程","是现代化的必由之路",必须"使城镇化成为一个顺势而为、水到渠成的发展过程";而实施上述7大战略则与此有明显不同,更需要摆在经济社会发展的突出甚至优先位置,更需要大力支持。否则,更容易出现比较大的问题,甚至走向其反面。(2)实施乡村振兴战略是贯穿到21世纪中叶全面建设社会主义现代化国家长过程中的重大历史任务,虽然推进新型城镇化是中国经济社会发展中的一个重要战略问题,但到2030—2035年前后城镇化率达到75%左右后,中国城镇化将逐步进入饱和阶段,届时城镇化率提高的步伐将明显放缓,城镇化过程中的人口流动将由乡—城单向流动为主转为乡—城流动、城—城流动并存,甚至城—乡流动的人口规模也会明显增大。届时,城镇化的战略和政策将会面临重大阶段性转型,甚至逆城镇化趋势也将会明显增强。至于怎样科学处理实施乡村振兴战略与推进新型城镇化的关系,我们认为,关键是建立健全城乡融合发展的体制机制和政策体系。

乡村振兴的高质量发展,第四体现为科学处理实施乡村振兴战略与推进农业农村政策转型的关系,做好坚持农业农村优先发展、加快推进农业农村现代化的大文章。

乡村振兴的高质量发展,最终体现为统筹推进增进广大农民的获得感、幸福感、安全感和增强农民参与乡村振兴的能力。十九大报告突出强调"坚持以人民为中心",高度重视"让改革发展成果更多更公平惠及全体人民"。在推进工业化、信息化、城镇化和农业现代化的过程中,农民利益最容易受到侵犯,最容易成为增进获得感、幸福感、安全感的薄弱环节。注意增进广大农民的获得感、幸福感、安全感,正是实施乡村振兴战略的重要价值所在。当然也要看到,在实施乡村振兴战略的过程中,农民发挥主体作用往往面临观念、能力和社会资本等局限。因此,调动一切积极因素,鼓励社会力量和工商资本带动农民在参与乡村振兴的过程中增强参与乡村振兴的能力,对于提升乡村振兴质量至关重要。

增强农民参与乡村振兴的能力,有许多国际经验可供借鉴。如在美国、欧盟和日、韩等国发展过程中,都有很多措施支持农民培训、优化农业农村经营环境,并有利于增加农村就业创业机会。2014年美国《新农业法案》将支持中小规模农户和新农户发展作为重要方向,甚至在此之前就有一些政策专门支持初始农牧场主创业,为其提供直接贷款、贷款担保和保险优惠,借此培育新生代职业农民。2014年美国《新农业法案》增加增值农产品市场开发补助金,明确优先支持经验丰富的农牧场主,优先支持最能为某些经营者或农牧场主创造市场机会的项目;还鼓励优化农村经济环境,在农村地区提高经商创业效率、创造就业机会并推进创新发展。2000年以来,欧盟农村发展政策将培养青年农民、加强职业培训、推动老年农民提前退休、强化农场服务支持等作为重要措施。为解决农村人口外迁特别是青年劳动力外流问题,欧盟注意改善农民获得服务和发展机会的渠道,培育农村企业家,以确保农村区域和社区对居民生活、就业有吸引力。2014年欧盟共同农业政策改革通过新的直接支付框架挂钩支持青年农民和小农户;采取重组和更新农场等措施,为青年农民提供创业援助,建立农场咨询服务系统和培训、创新项目等。后文强调坚持农业农村优先发展的战略导向,为此必须把推进农民优先提升作为战略支撑,借此为新型城镇化提供合格市民,为农业农村现代化提供合适的劳动力和农村居民。

第二节 要坚持农业农村优先发展

要坚持农业农村优先发展。这从根本上是因为工农城乡发展不平衡和"三农"发展不充分,是当前中国发展不平衡不充分最突出的表现。此外,还因为"三农"发展对促进社会稳定和谐、调节收入分配、优化城乡关系、增强经济社会活力和就业吸纳能力及抗风险能力等,可以发挥特殊重要的作用,具有较强的公共品属性;加之在发展市场经济条件下,"三农"发展在很大程度上呈现竞争弱势特征,容易存在市场失灵问题。因此,需要在发挥市场对资源配置决定性作用的同时,通过更好发挥政府作用,优先支持农业农村发展,解决好市场失灵问题。鉴于"农业农村农民问题是关系国计民生的根本性问题,必须始终把解决好'三农'问题作为全党工作重中之重",按照增强系统性、整体性、协同性的要求和突出抓重点、补短板、强弱项的方向,坚持农业农村优先发展应该是实施乡村振兴战略的必然要求。

在当今世界大发展大变革大调整的背景下,面对世界多极化、经济全球化、社会信息化、文化多样化深入发展的形势,各国日益相互依存、命运与共,越来越成为你中有我、我中有你的命运共同体。相对于全球,国内发展、城乡之间更是命运共同体,更需要"保证全体人民在共建共享发展中有更多获得感"。面对国内工农发展、城乡发展严重失衡的状况,用命运共同体思想指导"三农"工作和现代化经济体系建设,更应坚持农业农村优先发展,借此有效防范因城乡之间、工农之间差距过大导致社会断裂,增进社会稳定和谐。

在实践中如何坚持农业农村优先发展?我们认为,可借鉴国外尤其是发达国家支持中小企业的思路,同等优先地加强对农业农村发展的支持。具体地说,要注意以下几点。

一、加快推进农业农村市场化改革

以完善产权制度和要素市场化配置为重点,优先加快推进农业农村市场化改革。要通过强化公平竞争的理念和社会氛围,以及切实有效的反垄断措施,完善维护公平竞争的市场秩序,促进市场机制有效运转;也要注意科学处理竞争政策和产业政策的关系,积极促进产业政策由选择性向功能性转型,并将产业政策的主要作用框定在市场失灵领域。坚持农业农村优先发展也应注意这一点。

为此,要通过强化竞争政策的基础地位,积极营造有利于"三农"发展,并提升其活力、竞争力的市场环境,引导各类经营主体和服务主体在参与乡村振兴的过程中公平竞争、建功立业,成为富有活力和竞争力的乡村振兴参与者,甚至乡村振兴的"领头雁"。要以完善产权制度和要素市场化配置为重点,加快推进农业农村领域的市场化改革,结合发挥典型示范作用,根本改变农业农村发展部分领域改革严重滞后于需求,或改革自身亟待转型升级的问题。如在依法保护集体土地所有权和农户承包权的前提下,如何平等保护土地经营权。目前,这方面的改革亟待提速。目前对平等保护土地经营权重视不够,加大了新型农业经营主体的发展困难和风险,也影响了其对乡村振兴带动能力的提升。近年来,部分地区推动"资源变资产、资金变股金、农民变股东"的改革创新,初步取得了积极效果。但随着"三变"改革的推进,如何加强相关产权和要素流转平台建设,完善其运行机制,促进其转型升级,亟待后续改革加力跟进。

二、加快创新相关法律法规和监管规制,优先支持优化农业农村发展环境

通过完善法律法规和监管规则,清除不适应形势变化、影响乡村振兴的制度和环境障碍,可以降低"三农"发展的成本和风险,也有利于促进农业强、农民富、农村美。如近年来虽然农村宅基地制度改革试点积极推进,但实际惠及面仍然有限,严重影响农村土地资源的优化配置,导致大量宅基地闲置浪费,也加大了农村发展新产业、新业态、新模式和建设美丽乡村的困难,制约农民增收完善农民闲置宅基地和闲置农房政策,探索宅基地所有权、资格权、使用权'三权分置'……适度放活宅基地和农民房屋使用权。应该说,这方面的政策创新较之前前进了一大步。但农村宅基地制度改革严重滞后于现实需求,导致宅基地流转限制过多、宅基地财产价值难以显性化、农民房屋财产权难以有效保障、宅基地闲置浪费严重等问题日趋凸显,也加大了农村新产业新业态新模式发展的用地困难。类似改革仍待进一步扩围提速或延伸推进。

现行农村宅基地制度和农房产权制度改革滞后,不仅仅是给盘活闲置宅基地和农房增加了困难,影响农民财产性收入的增长,更重要的是加大了城市人口、人才"下乡"甚至农村人才"跨社区"居住特别是定居的困难,不利于缓解乡村振兴的"人才缺口",也不利于农业农村产业更好地对接城乡消费结构升级带来的需求扩张。在部分城郊地区或发达的农村地区,甚至山清水秀、交通便捷、文化旅游资源丰厚的普通乡村地区,适度扩大农村宅基地制度改革试点范围,鼓励试点地区加快探索和创新宅基地"三权"分置办法,尤其是适度扩大农村宅基地、农房使用权流

转范围,有条件地进一步向热心参与乡村振兴的非本农村集体经济组织成员开放农村宅基地或农房流转、租赁市场。这对于吸引城市或异地人才、带动城市或异地资源/要素参与乡村振兴,日益具有重要性和紧迫性。其意义远远超过增加农民财产性收入的问题,并且已经不是"看清看不清"或"尚待深入研究"的问题,而是应该积极稳健地"鼓励大胆探索"的事情。建议允许这些地区在保护农民基本居住权和"不得违规违法买卖宅基地,严格实行土地用途管制,严格禁止下乡利用农村宅基地建设别墅大院和私人会馆"的基础上,通过推进宅基地使用权资本化等方式,引导农民有偿转让富余的宅基地和农民房屋使用权,允许城乡居民包括"下乡"居住或参与乡村振兴的城市居民有偿获得农民转让的富余或闲置宅基地。在此方面,法国的经验值得参考。

近年来,许多新产业、新业态、新模式迅速发展,对于加快农村生产方式、生活方式转变的积极作用迅速凸显。但相关政策和监管规则创新不足,成为妨碍其进一步发展的重要障碍。部分地区对新兴产业发展支持力度过大过猛,也给农业农村产业发展带来新的不公平竞争和可持续发展问题。此外,部分新兴产业"先下手为强""赢者通吃"带来的新垄断问题,加剧了收入分配和发展机会的不均衡。要注意引导完善这些新兴产业的监管规则,创新和优化对新经济垄断现象的治理方式,防止农民在参与新兴产业发展的过程中,成为"分享利益的边缘人,分担成本、风险的核心层"。

此外,坚持农业农村优先发展,要以支持融资、培训、营销平台和技术、信息服务等环境建设,鼓励包容发展、创新能力成长和组织结构优化等为重点,将优化"三农"发展的公共服务和政策环境放在突出地位。相对而言,由于乡村人口和经济密度低、基础设施条件差,加之多数农村企业整合资源、集成要素和垄断市场的能力弱,面向"三农"发展的服务体系建设往往难以绕开交易成本高的困扰。因此,坚持农业农村优先发展,应把加强和优化面向"三农"的服务体系建设放在突出地位,包括优化提升政府主导的公共服务体系、加强对市场化或非营利性服务组织的支持,完善相关体制机制。

坚持农业农村优先发展,还应注意以下两个方面:一是强化政府对"三农"发展的"兜底"作用,并将其作为加强社会安全网建设的重要内容。近年来,国家推动农业农村基础设施建设、持续改善农村人居环境、加强农村社会保障体系建设、加快建立多层次农业保险体系等,都有这方面的作用。二是瞄准推进农业农村产业供给侧结构性改革的重点领域和关键环节,加大引导支持力度。如积极推进质量兴农、绿色兴农,加强粮食生产功能区、重要农产品生产保护区、特色农产品优势区、现代农业产业园、农村产业融合发展示范园、农业科技园区、电商产业园、返乡创业园、特色小镇或田园综合体等农业农村发展的载体建设,更好地发挥其对实施乡村振兴战略的辐射带动作用。

第三节 坚持城乡一体化发展

建立健全城乡融合发展体制机制和政策体系,同坚持农业农村优先发展一样,也是加快推进农业农村现代化的重要手段。

近年来,随着工农、城乡之间相互联系、相互影响、相互作用的增强,城乡之间的人口、资源和要素流动日趋频繁,产业之间的融合渗透和资源、要素、产权之间的交叉重组关系日益显著,城乡之间日益呈现"你中有我,我中有你"的发展格局。越来越多的问题,表现在"三农",根子在城市(或市民、工业和服务业,下同);或者表现在城市,根子在"三农"。这些问题,采取"头痛医头、脚痛医脚"的办法越来越难以解决,越来越需要创新路径,通过"头痛医脚"的办法寻求治本之道。因此,建立健全城乡融合发展的体制机制和政策体系,走城乡融合发展之路,越来越成为实施乡村振兴战略的当务之急和战略需要。借此,按照推进新型工业化、信息化、城镇化、农业现代化同步发展的要求,加快形成以工促农、以城带乡、工农互惠、城乡共荣、分工协作、融合互补的新型工农城乡关系。那么,如何坚持城乡融合发展道路,建立健全城乡融合发展的体制机制和政策体系?

一、构建大中小城市和小城镇协调发展的城镇格局

在当前的发展格局下,尽管中国在政策上仍然鼓励"加快培育中小城市和特色

小城镇,增强吸纳农业转移人口能力",但农民工进城仍以流向大中城市和特大城市为主,流向县城和小城镇的极其有限。这说明,当前中国大城市、特大城市仍然具有较强的集聚经济、规模经济、范围经济效应,且其就业、增收和其他发展机会更为密集;至于小城镇,就总体而言,情况正好与此相反。因此,在今后相当长的时期内,顺应市场机制的自发作用,优质资源、优质要素和发展机会向大城市、特大城市集中仍是难以根本扭转的趋势。但是,也要看到,这种现象的形成,加剧了区域、城乡发展失衡问题,给培育城市群功能、优化城市群内部不同城市之间的分工协作和优势互补关系,以及加强跨区域生态环境综合整治等增加了障碍;不利于疏通城市人才、资本和要素下乡的渠道,不利于发挥城镇化对乡村振兴的辐射带动作用。

上述现象的形成,同当前的政府政策导向和资源配置过度向大城市、特大城市倾斜也有很大关系,由此带动全国城镇体系结构重心上移。这突出地表现在两个方面:一是政府在重大产业项目、信息化和交通路网等重大基础设施、产权和要素交易市场等重大平台的布局,在公共服务体系建设投资分配、获取承办重大会展和体育赛事等机会分配方面,大城市、特大城市往往具有中小城市无法比拟的优势。二是许多省区强调省会城市经济首位度不够是其发展面临的突出问题,致力于打造省会城市经济圈,努力通过政策和财政金融等资源配置的倾斜,提高省会城市的经济首位度。这容易强化大城市、特大城市的极化效应,弱化其扩散效应,影响其对"三农"发展辐射带动能力的提升,制约以工促农、以城带乡的推进。加之,许多大城市、特大城市的发展片面追求"摊大饼式扩张",制约其实现集约型、紧凑式发展和创新能力的提升,容易"稀释"其对周边地区和"三农"发展的辐射带动能力,甚至会挤压周边中小城市和小城镇的发展空间,制约周边中小城市、小城镇对"三农"发展辐射带动能力的成长。

今后,随着农村人口转移进城规模的扩大,乡—城之间通过劳动力就业流动,带动人口流动和家庭迁移的格局正在加快形成。在此背景下,过度强调以大城市、特大城市为重点吸引农村人口转移,也会因大城市、特大城市高昂的房价和生活成本,加剧进城农民工或农村转移人口融入城市、实现市民化的困难,容易增加进城后尚待市民化人口与原有市民的矛盾,影响城市甚至城乡社会的稳定和谐。

因此,应按照统筹推进乡村振兴和新型城镇化高质量发展的要求,加大国民收入分配格局的调整力度,深化相关改革和制度创新,在引导大城市、特大城市加快集约型、紧凑式发展步伐,并提升城市品质和创新能力的同时,引导这些大城市、特大城市更好地发挥区域中心城市对区域发展和乡村振兴的辐射带动作用。要结合引导这些大城市、特大城市疏解部分非核心、非必要功能,引导周边卫星城或其他中小城市、小城镇增强功能特色,形成错位发展、分工协作新格局,借此培育特色鲜明、功能互补、融合协调、共生共荣的城市群。这不仅有利于优化城市群内部不同城市之间的分工协作关系,提升城市群系统功能和网络效应;还有利于推进跨区域性基础设施、公共服务能力建设和生态环境综合整治,为城市人才、资本、组织和资源要素下乡参与乡村振兴提供便利,有利于更好地促进以工哺农、以城带乡和城乡融合互补,增强城市化、城市群对城乡、区域发展和乡村振兴的辐射带动功能,帮助农民增加共商共建共享发展的机会,提高农村共享发展水平。实际上,随着高铁网、航空网和信息网建设的迅速推进,网络经济的去中心化、去层级化特征,也会推动城市空间格局由单极化向多极化和网络化演进,凸显发展城市群、城市圈的重要性和紧迫性。

为更好地增强区域中心城市特别是城市群对乡村振兴的辐射带动力,要通过公共资源配置和社会资源分配的倾斜引导,加强链接周边的城际交通、信息等基础设施网络和关键结点、连接线建设,引导城市群内部不同城市之间完善竞争合作和协同发展机制,强化分工协作、增强发展特色、加大生态共治,并协同提升公共服务水平。要以完善产权制度和要素市场化配置为重点,以激活主体、激活要素、激活市场为目标导向,推进有利于城乡融合发展的体制机制改革和政策体系创新,着力提升城市和城市群开放发展、包容发展水平和辐射带动能力。要加大公共资源分配向农业农村的倾斜力度,加强对农村基础设施建设的支持。与此同时,通过深化制度创新,引导城市基础设施和公共服务能力向农村延伸,加强以中心镇、中心村为结点,城乡衔接的农村基础设施、公共服务网络建设。要通过深化改革和政策创新,以及推进"三农"发展的政策转型,鼓励城市企业或涉农龙头企业同农户、农民建立覆盖全程的战略性伙伴关系,完善利益联结机制。

二、积极发挥国家发展规划对乡村振兴的战略导向作用

要结合规划编制和执行,加强对各级各类规划的统筹管理和系统衔接,通过部署重大工程、重大计划、重大行动,加强对农业农村发展的优先支持,鼓励构建城乡融合发展的体制机制和政策体系。在编制和实施乡村振兴规划的过程中,要结合落实主体功能区战略,贯彻中央关于"强化乡村振兴规划引领"的决策部署,促进城乡国土空间开发的统筹,注意发挥规划对统筹城乡生产空间、生活空间、生态空间的引领作用,引导乡村振兴优化空间布局,统筹乡村生产空间、生活空间和生态空间。今后大量游离于城市群之外的小城市、小城镇很可能趋于萎缩,其发展机会很可能迅速减少。优化乡村振兴的空间布局应该注意这一点。

要注意突出重点、分类施策,在引导农村人口和产业布局适度集中的同时,将中心村、中心镇、小城镇和粮食生产功能区、重要农产品生产保护区、特色农产品优势区、现代农业产业园、农村产业融合发展示范园、农业科技园区、电商产业园、返乡创业园、特色小镇或田园综合体等,作为推进乡村振兴的战略结点。20 世纪 70 年代以来,法国中央政府对乡村地区的关注逐步实现了由乡村全域向发展缓慢地区的转变,通过"乡村行动区"和"乡村更新区"等规划手段干预乡村地区发展;同时逐步形成中央政府和地方乡村市镇合力推动乡村地区发展的局面。乡村市镇主要通过乡村整治规划和土地占用规划等手段,推动乡村地区发展。乡村整治规划由地方政府主导,地方代表、专家和居民可共同参与。中国实施乡村振兴战略要坚持乡村全面振兴,但这并不等于说所有乡、所有村都要实现振兴。从法国的经验可见,在推进乡村振兴的过程中,找准重点、瞄准薄弱环节和鼓励不同利益相关者参与,都是至关重要的。此外,建设城乡统一的产权市场、要素市场和公共服务平台,也应在规则统一、环境公平的前提下,借鉴政府扶持小微企业发展的思路,通过创新"同等优先"机制,加强对人才和优质资源向农村流动的制度化倾斜支持,缓解市场力量对农村人才和优质资源的"虹吸效应"。

三、完善农民和农业转移人口参与发展、培训提能机制

推进城乡融合发展,关键要通过体制机制创新,一方面,帮助农村转移人口降

低市民化的成本和门槛,让农民获得更多且更加公平、更加稳定、更可持续的发展机会和发展权利;另一方面,增强农民参与新型城镇化和乡村振兴的能力,促进农民更好地融入城市或乡村发展。要以增强农民参与发展能力为导向,完善农民和农业转移人口培训提能体系,为乡村振兴提供更多的新型职业农民和高素质人口,为新型城镇化提供更多的新型市民和新型产业工人。要结合完善利益联结机制,注意发挥新型经营主体、新型农业服务主体带头人的示范带动作用,促进新型职业农民成长,带动普通农户更好地参与现代农业发展和乡村振兴。要按照需求导向、产业引领、能力本位、实用为重的方向,加强统筹城乡的职业教育和培训体系建设,通过政府采购公共服务等方式,加强对新型职业农民和新型市民培训能力建设的支持。要创新政府支持方式,支持政府主导的普惠式培训与市场主导的特惠式培训分工协作、优势互补。鼓励平台型企业和市场化培训机构在加强新型职业农民和新型市民培训中发挥中坚作用。要结合支持创新创业,加强人才实训基地建设,健全以城带乡的农村人力资源保障体系。

四、加强对农村一二三产业融合发展的政策支持

推进城乡融合发展,要把培育城乡有机结合、融合互动的产业体系放在突出地位。推进农村一二三产业融合发展,有利于发挥城市企业、城市产业对农村企业、农村产业发展的引领带动作用。要结合加强城市群发展规划,创新财税、金融、产业、区域等支持政策,引导农村产业融合优化空间布局,强化区域分工协作、发挥城市群和区域中心城市对农村产业融合的引领带动作用。要创新农村产业融合支持政策,引导农村产业融合发展统筹处理服务市民与富裕农民、服务城市与繁荣农村、增强农村发展活力与增加农民收入、推进新型城镇化与建设美丽乡村的关系。鼓励科技人员向科技经纪人和富有创新能力的农村产业融合企业家转型。注意培育企业在统筹城乡区域发展、推进城乡产业融合中的骨干作用,努力营造产业融合发展带动城乡融合发展新格局。鼓励商会、行业协会和产业联盟在推进产业融合发展中增强引领带动能力。

第三章　实施乡村振兴战略的重点工作

第一节　推进产业兴旺

一、推进产业兴旺是实施乡村振兴战略的首要任务

实施乡村振兴战略的总要求,即"产业兴旺、生态宜居、乡风文明、治理有效、生活富裕","产业兴旺"位居其首。就多数乡村地区而言,如果产业不兴,即便再有"生态宜居、乡风文明",广大农民也不可能"看着美景跳着舞",就能实现乡村振兴。否则无异于天方夜谭,也缺乏可持续性。

实施乡村振兴战略要坚持乡村全面振兴,是涵盖乡村经济建设、政治建设、文化建设、社会建设、生态文明建设和党的建设的全面振兴,借此激活乡村的经济价值、文化价值、社会价值和生态价值等多重功能和价值。但乡村振兴首先是产业振兴,通过实施乡村振兴战略需要激活的首先是乡村的经济价值。这是增强广大农民获得感、幸福感、安全感的坚实支撑,不仅有利于农民更好地就地就近实现就业增收,也有利于农民规避异地城镇化可能带来的家庭人口空间分离和留守儿童、留守妇女、留守老人问题,更好地实现就地就近城镇化。实施乡村振兴战略要从产业振兴、人才振兴、文化振兴、生态振兴、组织振兴5个方面着手,产业振兴同样被放在首位。乡村经济建设不等于乡村政治建设、文化建设、社会建设、生态文明建设,乡村产业振兴也不能代替乡村的人才振兴、文化振兴、生态振兴、组织振兴,但乡村经济建设或产业振兴对其他4方面建设或振兴的重要影响甚至决定作用仍是比较明显的。因此,至少就全国总体和多数地区而言,把推进乡村产业兴旺作为实施乡村振兴战略的"首要任务",是比较符合实际的。

相对于建设社会主义新农村的要求,即"生产发展、生活宽裕、乡风文明、村容整洁、管理民主",在实施乡村振兴战略的总要求中,用"产业兴旺"代替"生产发展",突出了以推进供给侧结构性改革为主线的要求,突出了用现代产业发展理念和组织方式改造农业农村产业的趋势。如确保粮食安全是实施乡村振兴战略的前提,也是推进产业兴旺不可动摇的根基。在推进粮食产业兴旺的过程中,要求摈弃片面追求增产的传统粮食安全观,进一步落实以我为主、立足国内、确保产能、适度进口、科技支撑的国家粮食安全战略和确保谷物基本自给、口粮绝对安全的粮食安全战略底线,积极推进粮食产业加快实现由生产导向向消费导向的转变,由追求数量安全向追求数量、质量安全统筹兼顾转变。在此基础上,要按照增加有效供给、减少无效供给的要求,拓宽实现粮食安全的视野,通过树立大农业观、大食物观,向统筹山水林田湖草系统治理要粮食安全,拓展实现粮食安全的选择空间;要在推进粮食安全从基于产量向基于产能转变的同时,按照抓重点、补短板、强弱项的要求,将加强粮食综合生产能力与加强粮食综合流通能力建设有效结合起来,积极实现从增加粮食产能要安全向增强粮食综合供给能力要安全的转变。

用"产业兴旺"代替"生产发展",还突出了推进乡村产业多元化、综合化发展的方向。仍以推进粮食产业兴旺为例,要结合完善质量兴粮、绿色兴粮、服务兴粮、品牌兴粮推进机制和支持政策,鼓励新型农业经营主体、新型农业服务主体带动小农户延伸粮食产业链、打造粮食供应链、提升粮食价值链,积极培育现代粮食产业体系,鼓励发展粮食加工业、流通业和面向粮食产业链的生产性服务业,促进粮食产业链创新力和竞争力的提升。要结合推进农业支持保护政策的创新和转型,深入实施藏粮于地、藏粮于技战略,通过全面落实永久基本农田特殊保护制度、加快划定和建设粮食生产功能区、大规模推进农村土地整治和高标准农田建设、加强农村防灾减灾救灾能力建设等举措,夯实粮食生产能力的基础,帮助粮食生产经营主体更好地实现节本增效和降低风险,将保障粮食安全建立在保护粮食生产经营主体种粮营粮积极性的基础上。结合优化粮食仓储的区域布局和加强粮食物流基础设施建设等措施,全面提升粮食产业链和粮食产业体系的质量、效益和可持续发展能力,为"把中国人的饭碗牢牢端在自己手中"打下扎实基础。

二、多方发力合力推进产业兴旺

(一)优化涉农企业家成长发育的环境

优化涉农企业家成长发育的环境,鼓励新型农业经营(服务)主体等成为农业农村延伸产业链、打造供应链、提升价值链、完善利益链的中坚力量。推进乡村产业兴旺,必须注意发挥涉农企业家的骨干甚至"领头雁"作用。离开了企业家的积极参与,推进乡村产业兴旺就如同汽车失去了引擎。加快构建现代农业产业体系、生产体系、经营体系,推进农村一二三产业融合发展,提高农业创新力、竞争力和全要素生产率,新型农业经营主体、新型农业服务主体的作用举足轻重。他们往往是推进质量兴农、绿色兴农、品牌兴农、服务兴农的生力军,也是带动农业延伸产业链、打造供应链、提升价值链的"拓荒者"或"先锋官"。发展多种形式的农业适度规模经营,也离不开新型农业经营主体、新型农业服务主体的积极作用和支撑带动。这些新型农业经营主体、新型农业服务主体带头人,往往是富有开拓创新精神的涉农企业家。各类投资农业农村产业发展的城市企业、工商资本带头人,往往资金实力强,发展理念先进,也有广阔的市场和人脉资源。他们作为企业家,不仅可以为发展现代农业、推进农业农村产业多元化和综合化发展,带来新的领军人才和发展要素,还可以为创新农业农村产业的发展理念、组织方式和业态、模式,为拓展和提升农业农村产业的市场空间、促进城乡产业有效分工协作提供更多的"领头雁",更好地带动农业农村延伸产业链、打造供应链、提升价值链。推进乡村产业兴旺,为许多乡村新产业、新业态、新模式的成长带来了"黄金机遇期",也为城市企业、工商资本参与乡村振兴提供了可以发挥比较优势、增强竞争优势的新路径。如在发展农业生产性服务业和乡村旅游业,城市企业、工商资本具有较强的比较优势。

支持各类企业家在推进乡村产业兴旺中建功立业,关键是优化其成长发育的环境,帮助其降低创新创业或推进产业兴旺的门槛、成本和风险。要结合农业支持政策的转型,加强对新型农业经营主体、新型农业服务主体的倾斜性、制度化支持,引导其将提高创新力、竞争力、全要素生产率和增强对小农户发展现代农业的带动作用有机结合起来。要结合构建农村一二三产业融合发展体系和加快发展农业生产性服务业,鼓励专业大户、家庭农场、农民合作社、农业产业化龙头企业等新型农业经营主体或农业企业、农资企业、农产品加工企业向新型农业服务主体或农村产业融合主体转型,或转型成长为农业生产性服务综合集成商、农业供应链问题解决方案提供商,带动其增强资源整合、要素集成、市场拓展提升能力,进而提升创新力和竞争力,成为推进乡村产业兴旺的领军企业或中坚力量。结合支持这些转型,引导传统农民、乡土人才向新型职业农民转型,鼓励城市人才或企业家"下乡"转型为新型职业农民或农业农村产业领域的企业家。

要结合支持上述转型,鼓励企业家和各类新型经营主体、新型服务主体、新型融合主体等在完善农业农村产业利益链中发挥骨干带动作用。通过鼓励建立健全领军型经营(服务)主体—普通经营(服务)主体—普通农户之间,以及农业农村专业化、市场化服务组织与普通农户之间的利益联结和传导机制,增强企业家或新型经营主体、新型服务主体、新型融合主体对小农户增收和参与农业农村产业发展的辐射带动力,更好地支持小农户增强参与推进乡村产业兴旺的能力。近年来,各地蓬勃发展的各类复合型农村产业融合组织,部分高效生态循环的种养模式,部分"互联网+""旅游+""生态+"模式,也在让农民特别是小农户合理分享全产业链增值收益和带动农民提升发展能力方面进行了积极尝试。要注意引导其相互借鉴和提升,完善有利于农户特别是小农户增收提能的利益联结机制。

(二)引导督促城乡之间、区域之间完善分工协作关系

发展现代农业是推进乡村产业兴旺的重点之一,但如果说推进乡村产业兴旺的重点只是发展现代农业,则可能有些绝对。至少在今后相当长的时期内,就总体和多数地区而言,推进乡村产业兴旺要着力解决农村经济结构农业化、农业结构单一化等问题,通过发展对农民就业增收具有较强吸纳、带动能力的乡村优势特色产业和企业,特别是小微企业,丰富农业农村经济的内涵,提升农业农村经济多元化、综合化发展水平和乡村的经济价值,带动乡村引人才、聚人气、提影响,增加对城市人才、资本等要素"下乡"参与乡村振兴的吸引力。因此,推进乡村产业兴旺,应该采取发展现代农业和推进农业农村经济多元化、综合化"双轮驱动"的方针,二者

都应是推进乡村产业兴旺的战略重点。当然,发展现代农业要注意夯实粮食安全的根基,也要注意按照推进农业结构战略性调整的要求,将积极推进农业结构多元化与大力发展特色农业有效结合起来。

推进农业农村经济多元化、综合化,要注意引导农村一二三产业融合发展,鼓励农业农村经济专业化、特色化发展;也要注意引导城市企业、资本和要素下乡积极参与,发挥城市产业(或企业,下同)对乡村产业高质量发展的引领辐射带动作用。但哪些产业或企业适合布局在城市,哪些产业或企业适合布局在乡村或城郊地区,实际上有个区位优化选择和经济合理性问题。如果不加区分地推进城市企业进农村,不仅有悖于工业化、城镇化发展的规律,也不利于获得集聚经济、规模经济和网络经济效应,影响乡村经济乃至城乡经济的高质量发展。按照推进乡村振兴和区域经济高质量发展的要求,适宜"下乡"的企业应具有较强的乡村亲和性,能与农业发展有效融合、能与乡村或农户利益有效联结,有利于带动农业延伸产业链、打造供应链、提升价值链;或在乡村具有较强的发展适宜性、比较优势或竞争力,甚至能在城乡之间有效形成分工协作、错位发展态势。如乡村旅游业、乡村商贸流通业、乡村能源产业、乡村健康养生和休闲娱乐产业、农特产品加工业、乡土工艺品产销等乡村文化创意产业、农业生产性服务业和乡村生活性服务业,甚至富有特色和竞争力的乡村教育培训业等。当然,不同类型地区由于人口特征、资源禀赋、区位条件和发展状况、发展阶段不同,适宜在乡村发展的产业也有较大区别。

需要注意的是,推进农业农村产业多元化、综合化发展,与推进农业农村产业专业化、特色化并不矛盾。多元化和综合化适用于宏观层面和微观层面,专业化和特色化主要是就微观层面而言的,宏观层面的多元化和综合化可以建立在微观层面专业化、特色化的坚实基础之上。通过推进农业农村产业多元化、综合化和专业化、特色化发展,带动城乡各自"回归本我、提升自我",形成城乡特色鲜明、分工有序、优势互补、和而不同的发展格局。

大力发展文化、科技、旅游、生态等乡村特色产业,振兴传统工艺。培育一批家庭工场、手工作坊、乡村车间,鼓励在乡村地区兴办环境友好型企业。依托这些产业推进农业农村经济多元化、综合化,都容易形成比较优势和竞争力,也容易带动农民就业创业和增收。有些乡村产业的发展,不仅可以促进农业农村经济多元化、综合化和专业化、特色化发展,还可以为"以工促农""以城带乡"提供新的渠道,应在支持其发展的同时,鼓励城市产业更好地发挥对乡村关联产业发展的引领带动作用。如鼓励城市服务业引领带动农业生产性服务业和乡村生活性服务业发展。当今世界,加强对农产品地产地消的支持已经成为国际趋势,一个重要原因是,支持农产品地产地销可以带动为农场、企业提供服务的储藏、加工、营销等关联产业发展,并通过促进农产品向礼品或旅游商品转化,带动农业价值链升级。这是按照以工促农、以城带乡、城乡融合、互补共促方向构建新型工农城乡关系的重要路径。但有些城市产业"下乡"进农村可能遭遇"水土不服",导致发展质量、效益、竞争力下降,不应提倡或鼓励。至于有些产业"下乡",容易破坏农村资源环境和文化、生态,影响可持续发展。依托这些产业的城市企业"下乡",不仅不应鼓励,还应通过乡村产业准入负面清单等,形成有效的"屏蔽"机制,防止其导致乡村价值的贬损。

中国各地乡村资源禀赋各异,发展状况和发展需求有别。随着工业化、信息化、城镇化和农业现代化的推进,各地乡村发展和分化走势也有较大不同。在此背景下,推进乡村产业兴旺也应因地制宜、分类施策,在不同类型地区之间形成各具特色和优势、分工协作、错位发展的格局。

(三)加强乡村产业兴旺的载体和平台建设

加强乡村产业兴旺的载体和平台建设,引导其成为推进乡村产业兴旺甚至乡村振兴的重要结点。近年来,在中国农业农村政策中,各种产业发展的载体和平台建设日益引起重视。如作为产业发展区域载体的粮食生产功能区、重要农产品生产保护区、特色农产品优势区、现代农业产业园、农村产业融合发展示范园、农业科技园区、电商产业园、返乡创业园、特色小镇或田园综合体、涉农科技创新或示范推广基地、创业孵化基地,作为产业组织载体的新型农业经营主体、新型农业服务主体、现代农业科技创新中心、农业科技创新联盟和近年来迅速崛起的农业产业化联合体、农业共营制、现代农业综合体等复合型组织,以及农产品销售公共服务平台、创客服务平台、农特产品电商平台、涉农科研推广和服务平台、为农综合服务平台,以及全程可追溯、互联共享的追溯监管综合服务平台等。这些产业发展的载体或平台往往瞄准了影响乡村产业兴旺的关键环节、重点领域和瓶颈制约,整合资源、集成要素、激活市场,甚至组团式"批量"对接中高端市场,实现农业农村产业的连片性、集群化、产业链一体化开发,集中体现现代产业发展理念和组织方式,有效健全产业之间的资源、要素和市场联系,是推进农业质量变革、效率变革和动力变革的先行者,也是推进农业农村产业多元化、综合化发展的示范者。以这些平台或载体建设为基础推进产业兴旺,不仅有利于坚持农业农村优先发展和城乡融合发展,还可以为推进乡村产业兴旺和乡村振兴的高质量发展提供重要结点,为深化相关体制机制改革提供试点试验和示范窗口,有利于强化城乡之间、区域之间、不同类型产业组织之间的联动协同发展机制。

  前述部分载体和平台的建设与运营,对于推进产业兴旺甚至乡村振兴的作用,甚至是画龙点睛的。如许多地方立足资源优势推进产业开发,到一定程度后,公共营销平台、科技服务平台等建设往往成为影响产业兴旺的瓶颈制约,对于增加的产品供给能在多大程度上转化为有效供给,对于产业发展的质量、效益和竞争力,往往具有关键性的影响。如果公共营销平台或科技服务平台建设跟不上,立足资源优势推进产业开发的过程,就很容易转化为增加无效供给甚至"劳民伤财"的过程,不仅难以实现推进产业兴旺的初衷,还可能形成严重的资源浪费、生态破坏和经济损失。在此背景下,加强相关公共营销平台或科技服务平台建设,往往就成为推进乡村产业兴旺的"点睛之笔"。对相关公共营销平台或科技服务平台建设,通过财政金融甚至政府购买公共服务等措施加强支持,往往可以收到"四两拨千斤"的效果。

(四)以推进供给侧结构性改革为主线

  以推进供给侧结构性改革为主线,按照质量兴农、绿色兴农、服务兴农、品牌兴农要求推进农业农村产业体系、生产体系和经营体系建设。推进供给侧结构性改革,其实质是用改革的办法解决供给侧的结构性问题,借此提高供给体系的质量、效率和竞争力;其手段是通过深化体制机制改革和政策创新,增加有效供给和中高端供给,减少无效供给和低端供给;其目标是增强供给体系对需求体系和需求结构变化的动态适应性和灵活性。当然,这里的有效供给包括公共产品和公共服务的供给。如前所述,推进乡村产业兴旺,应该坚持发展现代农业和推进农业农村经济多元化、综合化"双轮驱动"的方针。鉴于中国农业发展的主要矛盾早已由总量不足转变为结构性矛盾,突出表现为阶段性供过于求和供给不足并存,并且矛盾的主要方面在供给侧;在发展现代农业、推进农业现代化的过程中,要以推进农业供给侧结构性改革为主线,这是毫无疑问的。以农业供给侧结构性改革为主线,加快构建现代农业产业体系、生产体系、经营体系,提高农业创新力、竞争力和全要素生产率,加快实现由农业大国向农业强国转变。

加快构建现代农业产业体系、生产体系、经营体系,在推进农业供给侧结构性改革中占据重要地位。鉴于近年来相关研究文献较多,本文对此不再赘述,只强调积极发展农业生产性服务业和涉农装备产业的重要性与紧迫性。关于发展农业生产性服务业及借此促进小农户和现代农业发展有机衔接的问题,笔者曾有专文分析。需要指出的是,农业生产性服务业是现代农业产业体系日益重要的组成部分,是将现代产业发展理念、组织方式和科技、人才、资本等要素植入现代农业的通道,也是增强新型农业经营(服务)主体进而农业创新力、竞争力的重要途径,对于推进农业高质量发展、实现服务兴农具有重要的战略意义。根据世界银行 WDI 数据库数据计算,当前中国农业劳动生产率不及美国、日本等发达国家的3%,与发达国家差距较大。其原因固然很多,但中国农业装备制造业不发达难辞其咎,成为制约中国提升农业质量、效率和竞争力的瓶颈约束。实施质量兴农、绿色兴农甚至品牌兴农战略,必须把推进涉农装备制造业的发展和现代化放在突出地位。无论是在农业生产领域还是在农业产业链,情况都是如此。

我们到许多在国内行业处于领先地位的农产品加工企业考察时,经常会发现这些企业的设备是从国外引进且国际一流的,但国内缺乏国际一流的设备加工制造和配套服务能力。这就很容易导致国内农产品加工企业的加工设备在引进时居于国际一流水平,但很快就会沦落为国际二流甚至三流水平。可见,农业装备水平的提高和结构升级,是提升农业产业链质量、效率和竞争力的底蕴所在,也是增强农业创新力的重要依托。随着农产品消费需求升级,农产品/食品消费日益呈现个性化、多样化、绿色化、品牌化、体验化的趋势,但在中国农业产业链,许多农业装备仍处于以"傻、大、黑、粗"为主的状态,难以满足推进农产品/食品消费个性化、多样化、绿色化、品牌化、体验化的需求,制约农产品/食品市场竞争力和用户体验的提升。近年来,中国部分涉农装备制造企业积极推进现代化改造和发展方式转变,推进智能化、集约化、科技化发展,成为从餐桌到田间的产业链问题解决方案供应商,也是推进质量兴农、绿色兴农的"领头羊",对于完善农业发展的宏观调控、农业供应链和食品安全治理也发挥了重要作用。要按照增强农业创新力和竞争力的要求,加大引导支持力度。实际上,农业装备制造业的发展和转型升级滞后,不仅影响到农业质量、效率和竞争力的提升,在许多行业已经成为影响可持续发展的紧迫问题。如随着农业劳动力成本的提升和农产品价格波动问题的加剧,部分水果、蔬菜,特别是核桃、茶叶等山地特色农业的发展越来越多地遭遇"采收无人""无人愿收"的困扰。广西等地的经验表明,特色农机的研发制造和推广,对于发展特色农业往往具有画龙点睛的作用。

推进农业农村经济多元化、综合化主要是个发展问题,但在此发展过程中也要注意按照推进供给侧结构性改革的方向,把握增加有效供给、减少无效供给和增强供给体系对需求体系动态适应、灵活反应能力的要求,创新相关体制机制和政策保障,防止"一哄而上""一哄而散"和大起大落的问题。要注意尊重不同产业的自身特性和发展要求,引导乡村优势特色产业适度集聚集群集约发展,并向小城镇、产业园区、中心村、中心镇适度集中;或依托资源优势、交通优势和邻近城市的区位优势,实现连片组团发展,提升发展质量、效率和竞争力,夯实其在推进乡村产业兴旺中的结点功能。

第二节 实施乡村振兴战略的任务

推进产业兴旺是实施乡村振兴战略的首要任务,当然属于实施乡村振兴战略的重点之一。但这是就总体而言的,在实践中,并非每个乡村地区都要以实现产业兴旺作为实施乡村振兴战略的重点。如有些乡村邻近城市,交通便捷,农民通过城乡通勤方式实现在城市工作、在乡村生活,既可以享受城市文明并获得高质量、高收入就业等福祉,又可以享受生态宜居、乡风文明、治理有效等幸福。在这些地区,城市发展特别是城市产业兴旺,可以为农民实现生活富裕提供扎实基础,也可以为实现乡村生态宜居、乡风文明、治理有效带来便利,推进乡村振兴未必需要产业兴旺。但即便在这些地区,实现乡村振兴仍然需要其他重点。具体地说,就是推进乡村绿色发展,提升乡村生态宜居水平;促进乡村文化繁荣兴盛,推进乡风文明新发展;加强农村基层基础工作,创新乡村治理新体系;提高农村民生保障水平,打造生活富裕新乡村;推进体制机制创新,优化乡村振兴的制度性供给。它们与"深入推进产业兴旺,培育农业农村产业发展新动能"合称实施乡村振兴战略的6大重点。

一、推进乡村绿色发展,提升乡村生态宜居水平

实施乡村振兴战略,要注意激发乡村的多元功能和价值,包括经济价值、生态价值、社会价值、文化价值等。能否、能在多大程度上建设生态宜居乡村,直接决定着乡村的生态价值,却也在相当程度上影响乡村经济价值、社会价值、文化价值的实现。随着城乡居民收入和消费水平的提高,城乡居民不断增长的美好生活需要日益呈现多样化、升级化的趋势。这为推进乡村绿色发展、提升乡村生态宜居水平提出了日益强烈的要求,也为乡村新产业、新业态、新模式的蓬勃兴起提供了契机。如要求农业在提升生产功能的同时,更好地激活生活功能、生态功能和文化功能,从而推进农业的绿色转型和发展。如中国台湾休闲农业和乡村旅游的发展堪称全球典范。作为其重要业态的农业公园按照公园的经营思路,融农业生产场所、农产品消费场所和休闲旅游场所于一体。休闲农业园区整合农场、农园、民宿或景点,使其由点连线及面,形成带状休闲农业园区,甚至要求用经营文化、经营社区的理念开发建设农业旅游景点,推进民俗亲情化,丰富了乡村生态宜居的内涵。近年来许多地方政府发展的国家农业公园以原住居民生活区域为核心,融园林化的乡村景观、生态化的郊野田园、景观化的农耕文化、产业化的组织形式、现代化的农业生产于一体,成为发展休闲农业、乡村旅游的高级形态和规模化的乡村旅游综合体。许多地方结合推进社会主义新农村或美丽乡村建设,培育乡村的生态涵养功能、休闲观光功能和文化体验功能,为推进乡村生态宜居积累了丰厚的底蕴。

实施乡村振兴战略,解决"人、地、钱"的问题至关重要。我们认为,所谓解决"人"的问题,其要点:一是要增加乡村人气,带动乡村活力的提升;二是要拓展和疏通城市人才和智力"下乡"的通道,带动城市资本、技术和发展理念更好地植入乡村;三是要结合完善乡村人力资本开发和培训提能机制,引导鼓励乡土人才、新型职业农民等安心参与乡村振兴。通过这"三管齐下",形成各类人才支持和参与乡村振兴的"大合唱"。推进乡村绿色发展,提升乡村生态宜居水平,可以显著增加乡村魅力,为通过上述"三管齐下"解决"人"的问题,提供"引力场"和"磁力棒"。在实施乡村振兴战略的过程中,解决"地"的问题,其要点是在巩固完善农村基本经营制度、保护农民农地承包和土地财产权益的前提下,通过完善农村土地产权制度和要素市场化配置,着力解决农村土地资源闲置的问题,推动乡村资源和土地资产加快增值,带动激活主体、激活要素、激活市场,并将其与增加农民财产性收入有效结合起来。推进乡村生态宜居,打造人与自然和谐共生发展新格局,可以增加对城乡资本和人才参与乡村振兴的吸引力。这不仅有利于解决农村土地资源闲置问题,对于提升乡村资源和土地资产价值也有重要的积极意义。推进乡村生态宜居,激活乡村资源和土地资产价值,也可以为在推进乡村振兴过程中更好地解决"钱"的问题拓宽思路。可见,推进乡村绿色发展,提升乡村生态宜居水平,打造人与自然和谐共生发展新格局,可以为实施乡村振兴战略提供更高的平台,有利于提升实施乡村振兴战略的"能级"。

推进乡村绿色发展、提升乡村生态宜居水平,首先要坚持人与自然和谐共生的基本方略,牢固确立培育绿色生产方式和生活方式的自觉性,为此建立健全有效的制度保障和实施机制,将推进乡村生态美与通过加快农村人居环境综合整理等措施,为提高农村生活质量创造良好的环境条件有效结合起来,带动优化乡村产业兴旺的推进平台。其次要注意优化乡村振兴的规划布局,并努力体现乡村特色。把握好生产空间、生活空间、生态空间的内在联系,实现生产空间集约高效、生活空间宜居适度、生态空间山清水秀。这种理念对于优化乡村振兴的规划布局也是适用的。当然,城乡之间在生产空间、生活空间、生态空间的内在联系方式,以及实现生产空间集约高效、生活空间宜居适度、生态空间山清水秀的具体途径上,也应各有特色,并在优化乡村振兴的规划布局上得到体现。最后要加强对乡村生态宜居的政策支持,创新绿色生态导向的农业支持保护政策体系和乡村产业政策体系。以绿色发展引领生态振兴,统筹山水林田湖草系统治理,加强农村突出环境问题综合治理,建立市场化多元化生态补偿机制,增加农业生态产品和服务供给。要结合贯彻落实相关政策,重点加强对农业绿色发展、改善乡村人居环境、乡村生态保护修复和发展生态友好型产业、环境友好型企业等支持,协调推进山水林田路房整体改造,支持具备条件的乡村地区集中连片建设宜居宜业的美丽乡村。

要在加强对典型经验总结、宣传和推广工作的同时,按照尊重自然、顺应自然、保护自然和有度、创新利用自然的方针,鼓励探索绿水青山向金山银山的转化机制和转化路径。结合探索农村集体经济新的实现形式和运行机制,鼓励"资源变资产"等模式创新,提升乡村生态资源、生态资产的经济价值,促进乡村生态优势更好地转化为发展生态经济、培育农业农村发展新动能的优势,带动农民增收和参与乡村振兴渠道的拓展。

二、促进乡村文化繁荣兴盛,推进乡风文明新发展

文化是一个难以精确定义的多样性、复杂性概念,兼具传承性、时代性和地域性等特点。人类经济社会活动往往程度不同地打下所处文化的深刻烙印。文化的影响往往潜移默化,体现由内而外的自然。促进乡村文化繁荣兴盛、推进乡风文明新发展,正是实施乡村振兴战略的"铸魂"之举。

乡风文明程度在很大程度上决定着推进乡村振兴的品质品位,影响着农民的精气神、竞争—合作态度和抗风险能力,对于建设富强民主文明和谐美丽新乡村的影响举足轻重。实施乡村振兴战略做得好不好,农民的获得感、幸福感、安全感是否得到有效提升,广大农民的积极性、主动性、创造性能否真正得到有效激发,不仅要看农民的收入状况,也要看农民的精气神是否得到改善。因此,在实施乡村振兴战略的过程中,必须把推进乡风文明作为推进乡村振兴高质量发展、提升乡村魅力的重要抓手,作为培育乡村精神、乡村价值、乡村力量和提升乡村魅力的战略举措。常言道,"一流的企业卖文化,二流的企业卖标准,三流的企业卖技术,四流的企业卖劳力,末流的企业卖资源"。在实施乡村振兴战略的过程中,城乡之间、区域之间、企业之间也存在类似现象。

在实施乡村振兴战略的过程中,要促进乡村文化繁荣兴盛、推进乡风文明新发展,必须培育乡村文化自信,坚持在开放包容中提升自我、培育文化特质和核心竞争力。促进乡村文化繁荣兴盛要注意协调处理立足本来——传承乡村传统文化、吸收外来——汲取城市文化和国外文化的营养、面向现代化和面向未来的关系,坚持走特色化、差异化、品质化发展道路。推进乡风文明新发展要把促进乡村文化繁荣兴盛,同培育富有创新力和竞争力的乡村文化产业、完善乡村公共文化产品和服务供给机制有机结合起来,同提升农民素质和道德水平、培育民主文明和谐的社会氛围有效结合起来,鼓励探索文化提升亲情、文化凝聚人心、文化乐民富农提能的作用。要正视农村经济社会结构转型、农户和农村人口结构分化,以及农村人口流动空间扩大对乡村传统文化的冲击,鼓励结合时代特点和发展阶段的变化,因地制宜地培育向上向善文明和谐的乡村文化;鼓励结合实施文化惠民工程,支持重振乡村文化的带头人在乡村文化振兴中发挥引领带动作用。

从国内外经验看,乡村特色文化的开发,可以为提升乡村价值和区域品牌注入动力,也可以为实现乡村产业振兴提供"制胜法宝",带动区域特色产业、文化关联产业和衍生产业的发展。近年来,国内外许多地方在发展休闲农业、乡村旅游的过程中,注意将改善产品质量、增加产品和服务供给、拓展关联服务,同赋予其文化内涵有机结合起来,通过吸引游客深度参与休闲农业开发并融入当地文化,或将文化植入农业农村产业发展、生态宜居环境和乡村治理建设,营造良好的消费体验,将水果等农产品卖成"奢侈品"、高档礼品或文化产品,不仅显著提升了农产品和乡村旅游的市场空间,带动了农民增收;还促进了农民向农村文化传承者和涉农服务从业者的转型,提升了乡村价值和魅力。在中国实施乡村振兴战略的过程中,这些经验值得借鉴。

三、加强农村基层基础工作,创新乡村治理新体系

近年来,随着城乡特别是农村经济社会结构转型的深入推进,农村青壮年劳动

力的大量进城,农户之间、农民之间、乡村地区之间的分化进程明显加快,对工农、城乡关系的影响持续加深,导致农村不同群体的利益诉求、利益矛盾和冲突日益多元化、复杂化。与此同时,农村经济农业化、农业副业化、农村人口老龄化、农业劳动力老弱化迅速推进,留守儿童、留守妇女、留守老人问题日趋凸显,为在推进乡村振兴过程中坚持农民主体地位增加了障碍。在发展规律和政府推动等因素的综合作用下,农村人口和经济布局集中化进程提速,少数中心村、中心镇迅速崛起与更多村庄的萎缩甚至被兼并并存,村庄空心化迅速深化。随着农村经济社会的迅速分化和农民流动半径的明显增大,农民对外交通、信息联系的多元化、便捷化,以及以"80后""90后"甚至"00后"为主要代表的农民(工)追求社会参与和平等意识的迅速强化,农民评价自我发展状况的参照系迅速扩大,农民(工)在发展状况、发展机会、发展环境和享受公共服务等方面相对不足的状况更容易显现出来。在此背景下,农村经济社会的自生能力和自我保护能力很容易迅速弱化,城乡之间、区域之间在相关能力方面的差距也容易扩大;传统的血缘、亲缘、地缘关系和家庭伦理调节机制对农村经济社会的整合能力很容易遭遇严峻挑战,导致农村经济、政治、文化、社会、生态建设等方面的整合协调难度明显加大,出现失衡的可能性显著增加。如果继续沿用传统的农村经济社会整合协调机制,很可能导致在传统的农村经济社会结构之下容易被吸收和熨平的经济社会矛盾与冲突被迅速放大或扩大。因此,创新乡村治理体系,提升"治理有效"水平,越来越成为新时代解决"三农"问题的迫切要求。

推进乡村振兴,促进治理有效是基础,有利于降低实现产业兴旺、生态宜居、乡风文明、生活富裕的成本与风险,营造充满活力、富有魅力、积极向上、和谐有序的"三农"发展格局;有利于更好地统筹推进"五位一体"总体布局、协调推进"四个全面"战略布局,实现农村经济建设、政治建设、文化建设、社会建设、生态文明建设和党的建设的全面协调可持续发展;也有利于更好地坚持乡村全面振兴,化解突出矛盾,"抓重点、补短板、强弱项、防风险",增进乡村振兴的协同性、关联性和整体性、协调性。在实施乡村振兴战略的过程中,将"治理有效"作为总要求之一,是推进国家治理体系和治理能力现代化在"三农"工作中的具体化。加强农村基层基础工作,推动乡村治理重心向基层下移,有利于将创新乡村治理新体系更好地落到实处,协力提升乡村活力、凝聚力和农民的向心力。因此,加强农村基层基础工作,创新乡村治理新体系,自然应该成为实施乡村振兴战略的重点之一。

创新乡村治理新体系,要注意发挥自治的基础支撑作用、法治的引领规范作用、德治的润滑和提升作用。要把培养造就一支懂农业、爱农村、爱农民的"三农"工作队伍,作为推进乡村善治的战略工程。结合完善制度和法律法规,引导、鼓励、督促农村基层组织和基层干部成为提升乡村法治和德治水平的先锋,带动乡村法治和德治水平的提升,促进乡村自治能力升级和平安乡村建设。要把加强对农村黑恶势力的制度化、法治化惩治机制建设,作为提升乡村法治水平的重要措施。统筹防治少数人侵犯多数人合法权益和多数人侵犯少数人合法权益的问题。

加强农村基层基础工作,创新乡村治理新体系,要注意加强农村党组织建设,及时总结推广农村基层党组织在新农村建设或乡村振兴实践中发挥战略堡垒作用的先进经验;要及时总结典型经验,鼓励农村基层组织增强利用新媒体等手段创新乡村治理的能力,推进乡村移风易俗、平安乡村建设高质量发展。采取有效措施,以贫困村和农村基层组织软弱涣散村、集体经济薄弱村为重点,加强对农村基层党组织建设"补短板"的支持。结合实施农村基层组织带头人提升工程,以加强农村党组织建设为龙头,带动农村基层组织提升引领、带动和凝聚人心的能力。要大力培育服务性、公益性、互助性的农村社会组织,鼓励其成为农村社会的"抗震带"和"减压剂",在增强村民自治能力方面发挥骨干带动作用,更好地支撑和带动乡村便民利民服务体系建设。

四、提高农村民生保障水平,打造生活富裕新乡村

推进乡村振兴,实现生活富裕是目标,也是实施乡村振兴战略不可动摇的根本。实施乡村振兴战略要提升农民的获得感、幸福感、安全感,要让改革发展成果更多更公平惠及全体农民,离开了实现农民生活富裕,就会成为空谈。因此,"按照抓重点、补短板、强弱项"的要求,以"坚守底线、突出重点、完善制度、引导预期"为导向,以"农民群众最关心最直接最现实的利益问题"为主要切入点,着力提高保障和改善民生水平,打造农民生活富裕、安居乐业新乡村,是实施乡村振兴战略的出发点和落脚点,自然也是实施乡村振兴战略的重点之一。

提高农村民生保障水平,打造生活富裕新乡村,首先要注意增加农民收入,引导和鼓励农民在实施乡村振兴战略的过程中提升增收致富能力。近年来,世界经济复苏乏力、国内经济下行压力长期持续,对农民增收的制约作用迅速凸显,农民增收面临的挑战日趋严峻和复杂。加之,由于农产品价格形成机制改革的推进,由于国内外农产品市场波动问题的凸显,特别是国际贸易摩擦对部分农产品主产区影响的深化,农民收入增速放缓的趋势不断强化,农村区域性、群体性减收问题日趋突出,对此应该给予高度重视。

提高农村民生保障水平,不仅要注意促进农民增收,还要同引导鼓励农民就业创业、促进农村基础设施提档升级、加强农村社会保障体系、推进健康乡村建设和农村人居环境综合整治有机结合起来,提升乡村宜居宜业、去危化困能力,提升农村生活品质。提高农村民生保障水平,打造生活富裕新乡村,还要按照"坚持在发展中保障和改善民生"的要求,加强面向"三农"的基本公共服务。随着工业化、信息化和城镇化的深入推进,部分农村地区经济社会的自生能力和自我保护能力出现迅速弱化,传统的农村社会秩序和自组织机制正在面临日益为甚的挑战。在此背景下,加强面向"三农"的基本公共服务,包括增强农村防灾抗灾减灾能力,其重要性和紧迫性还更加突出。加强面向贫困人口和留守儿童、留守妇女、留守老人的基本公共服务能力建设,更应成为加强农村基本公共服务的当务之急和攻坚任务。鉴于近年来全国人口老龄化步伐明显加快,农村人口老龄化问题更为突出,提高农村民生保障水平,应把加强面向老龄人口的养老和去危化困服务能力建设,作为一个攻坚任务。

五、深入推进体制机制创新,优化乡村振兴的制度性供给

在实施乡村振兴战略的过程中,要通过推进体制机制改革和政策创新,第一,以促进市场在资源配置中起决定性作用为导向,以激发参与主体活力和人才潜能为依托,激活农业农村发展活力和农村资源、要素、新产业新业态新模式的发展潜能,培育"三农"发展的兴奋点和新增长点。第二,以更好发挥政府作用为导向,优先改变"三农"发展环境的相对不平等状况,优先加强"三农"政策的兜底和"保基本"公共服务功能,优化国民收入分配格局和公共资源配置格局,优先加强对农业农村发展的支持和促进,推进公共政策导向和公共资源配置向农业农村适度倾斜。在优先改变乡村规划"短板效应"的基础上,加强城乡一体化发展规划,推进城乡产业布局、基础设施建设、公共服务一体化。第三,以建立健全城乡融合发展的体制机制和政策体系为导向,将使市场在资源配置中起决定性作用和更好发挥政府作用有机结合起来,矫正发展机会、发展权利过分向城市倾斜的问题,促进城乡发展权利、发展机会的均衡配置,为此破除妨碍城市产业、企业、人才和要素进入农业农村的体制机制障碍,防范市场失灵导致农民权利被边缘化的风险,并完善相关引导、激励和约束机制,实现由对"三农"发展的消极保护向积极促进转型,由主要关注城乡差距向更多关注"三农"实现有活力的成长转型。有人认为,实施乡村振兴战略,要围绕强化"人、地、钱"等要素供给,推进城乡要素自由流动、平等交换。这是重要的,但必须同促进公共资源城乡均衡配置结合起来,同强化"三农"政策的"兜底"和保基本公共服务功能结合起来,同设置必要的负面清单等矫正发展权利、发展机会向城市过度倾斜的问题结合起来。

有些新的制度供给和政策创新,如果关联、配套改革能够及时跟进,其后续的积极效应还会在更大空间、更可持续地释放。这些新政的出台,实际上为深化关联、配套改革提出了新的课题。比如有些地方推进承包土地经营权和农民住房财产权抵押贷款试点,探索开展大型农机具、农业生产设施抵押贷款业务。如果抵押后农户、新型农业经营主体的贷款还不了,能否把抵押资产变现直接关系到相关改革能否持续推进,这必然对推进农村产权市场和要素市场建设提出迫切要求。如果不考虑深化农村产权市场和要素市场建设,相关改革很容易"虎头蛇尾",几年后很可能"半途而废"。

还有一些新政的出台,不仅自身"含金量"很高,其可贵之处还在于为深化后续改革打开了"缺口",甚至"扣动"了后续连锁改革的"扳机",可能带来的一连串积极影响更加值得关注和期待。完善农民闲置宅基地和闲置农房政策,探索宅基地所有权、资格权、使用权三权分置,落实宅基地集体所有权,保障宅基地农户资格权和农民房屋财产权,适度放活宅基地和农民房屋使用权。可以预期,探索宅基地所有权、资格权、使用权"三权"分置,不仅为农村宅基地闲置和低效利用问题提供了破解之道,有利于促进农村宅基地的集约节约和高效利用,还将为吸引城市资本、人才和要素下乡参与乡村振兴提供新的路径。又比如,2018年中央一号文件关于"深入推进农村集体产权制度改革"的诸多部署,不仅可以直接带动农村集体经济发展,对于完善乡村治理也有重要的"旁侧效应"。因为从实践经验来看,乡村集体经济实力强,往往有利于支撑乡村治理能力的改善。

当然,推进体制机制改革和政策创新,优化乡村振兴的制度性供给,还要顺应乡村振兴的实践需求和战略需要,不断进行动态充实和完善。如应按照推进农村一二三产业融合发展的要求,以营造有利的产业生态为重点,将深化体制机制改革的重点放在鼓励创新农村产业融合的区域合作、部门合作和部门协同监管机制,深化相关公共平台和公共服务机构运行机制的改革,培育农村土地、资本、人才等要素市场和产权流转市场,探索商会、行业协会、产业联盟等运行机制改革;推进政策实施机制的创新,促进科技创新、信息化发展与推进乡村振兴有机衔接等。

第三节 推进乡村振兴的困境

一、实施乡村振兴战略的难点

(一)打好精准脱贫攻坚战,增强贫困群众获得感

打好精准脱贫攻坚战属于全面建成小康社会"硬仗中的硬仗",是当前实施乡村振兴战略的"难点中的难点"。把打好精准脱贫攻坚战作为实施乡村振兴战略的难点而非重点,丝毫没有低估其重要性的意思。打好精准脱贫攻坚战是实施乡村振兴战略必须坚守的"底线",这是不容置疑的。

必须坚持精准扶贫、精准脱贫,把提高脱贫质量放在首位,既不降低扶贫标准,也不吊高胃口,采取更加有力的举措、更加集中的支持、更加精细的工作,坚决打好

精准脱贫这场对全面建成小康社会具有决定性意义的攻坚战,并就瞄准贫困人口精准帮扶、聚焦深度贫困地区集中发力、激发贫困人口内生动力、强化脱贫攻坚责任和监督等做出了具体部署,明确要求做好实施乡村振兴战略与打好精准脱贫攻坚战的有机衔接。其中许多政策精神富有新意,兼具战略性和可操作性,但推进和加强其贯彻落实工作仍是一项繁重任务。

与此同时,要在高度重视脱贫攻坚艰巨性、复杂性和精准施策的基础上,综合采取基础设施和基本公共服务能力建设"补短板"、引导各类经营主体和扶贫志愿者带动贫困农户增强发展能力等措施,鼓励各地加快探索解决"脱贫易、脱困难""脱贫易、小康难""脱物质贫困易、脱精神贫困难""暂时脱贫易、持续脱贫难"等问题,并在2020年全面建成小康社会后,适时推进扶贫工作重点由解决"绝对贫困"问题向缓解"相对贫困"问题的阶段性转变。结合加强民生保障安全网建设,完善返贫风险防范机制,加强对深度贫困地区、深度贫困家庭、特殊贫困人口和易返贫人口脱贫解困的政策倾斜支持。在许多地方,帮助贫困农户实现脱贫虽有一定难度,但帮助其解困的"难度系数"更加高得多。有些农户虽然脱贫了,甚至在收入上基本达到小康水平了,但由于年龄大和农村生产生活基础设施建设滞后,生产生活中的困难仍然很大,有钱不会花、有钱花不出的问题比较突出,严重影响基本的生产生活甚至生存质量,亟待通过加强农村基本公共服务缓解其燃眉之急。对许多高龄失能老人和留守老人、留守儿童、留守妇女尤其如此。

(二)创新乡村人才引进和开发利用机制,强化乡村振兴的人才支撑

实施乡村振兴战略,关键靠人。要调动一切积极因素,广聚天下人才而用之,这是毫无疑问的;但完善人才引进和开发利用机制更为关键。实施乡村振兴战略,很大程度上旨在解决当前突出的工农城乡发展失衡和"三农"发展不充分问题。但工农城乡发展失衡和"三农"发展不充分,往往导致广聚天下人才、优化乡村人才引进和开发利用机制的难度迅速增加,导致人才支撑不足成为实施乡村振兴战略面临的瓶颈制约。因此,创新乡村人力资本引进和开发利用机制,强化乡村振兴的人才支撑,也是实施乡村振兴战略的难点之一。

要在坚持农民主体地位的同时,高度重视农民视野、理念、实力、人脉、资源动

员能力的局限性及其对农民在乡村振兴中发挥主体作用的制约,将提升农民素质和精神风貌、增加农民发展机会和促进农民致富创业有机结合起来,引导农民在推进乡村振兴的过程中增强参与乡村振兴的能力,促进农民全面发展,为更好地坚持农民主体地位创造条件。要结合鼓励农民工返乡创业,优先支持青年农民工在创新乡村振兴人才保障机制方面发挥先锋作用,探索发挥农民主体作用的新路径。

要结合实施乡村振兴战略,在以下方面"三管齐下",打通人才振兴与乡村振兴的良性循环。第一,实施农民素质优先提升工程,并将其作为坚持农业农村优先发展的重要抓手,促进新型职业农民的培训和成长。第二,将加强农村专业人才队伍建设与鼓励科技人才发挥支撑作用有机结合起来,鼓励涉农职业经理人、经纪人、能工巧匠和其他专业人才在推进乡村振兴过程中各展其长、竞争合作。结合推进乡村振兴的组织创新,实施乡村振兴带头人成长提升工程,引导鼓励各类乡土人才脱颖而出,转型发展为涉农新型经营主体、新型服务主体,鼓励科技人员向富有创新能力的涉农企业家或科技经纪人转型,增强其对农户参与乡村振兴的辐射带动作用。第三,统筹推进事业引人、感情引人、文化引人、环境引人,结合提升乡村精神、乡村价值和乡村文化,广纳社会人才和社会资本到农业农村创新创业,或吸引在智、技、德、官、富等方面各具优势的新乡贤或志愿者为乡村振兴出谋出力。要结合引导鼓励企业、行业、社会组织推进城乡对口帮扶,完善激励、约束机制,吸引城市各类人才甚至城市居民参与和带动乡村振兴。要结合创新体制机制,将创新本土人才开发利用和提升机制、优化创新创业人才的发展环境和疏通城市人才、高级生产要素下乡通道有机结合起来,鼓励外来人才更好地发挥对乡土人才成长的引领带动作用。要注意鼓励探索人才跨界任职,培育人才融合带动产业融合新格局。近年来,推进农村一二三产业融合发展,日益引起各级政府、各类涉农经营主体的重视,导致对人才跨界融合的需求迅速凸显,也在一定程度上对反对"外行领导内行"的传统人才观提出了挑战。

此外,要注意利用新乡贤的乡土情怀、"三农"情节,通过以情感人、文化留人、激励提能等多种方式,鼓励以官、富、文、德为不同特色的新乡贤各展其长、优势互补,在乡村振兴中建功立业,成为乡村振兴的引领者、贡献者或参与者,带动乡村共商共建共治共享水平的提升。要注意引导各类新乡贤在完善乡村治理中发挥独特作用，带动创新村规民约，提升其在完善乡村治理中的独特作用。要通过创新制度和激励机制，鼓励和吸引退休专业技术人员、退休官员、退休企业家参与乡村振兴，激励其在推进农村创新创业和乡村振兴中增强带动功能，成为推进农村创新创业导师或产业兴旺的带头人。也可鼓励其利用自身智力、人脉与社会资本，成为各具特色的乡村振兴"策划师""工程师""组织员""宣传员"。在具备条件的地方，鼓励部分新乡贤进入基层党支部、村委会，成为增强农村基层组织特别是基层党组织战略堡垒作用的"兴奋剂"或"助推器"。

(三) 开拓投融资渠道，强化乡村振兴的投入保障机制

当前突出的工农城乡发展失衡和"三农"发展不充分问题，在很大程度上反映了投入保障不足对"三农"发展的制约，也加剧了推进乡村振兴过程中拓展投融资渠道和强化投入保障机制的难度。在许多地方，推进乡村从衰败向振兴的转变，必须突破投入上的"临界最小努力"。因此，开拓投融资渠道、强化乡村振兴的投入保障机制，是实施乡村振兴战略的又一大难点。

健全投入保障制度，创新投融资机制，加快形成财政优先保障、金融重点支持、社会积极参与的多元投入格局，确保投入力度不断增强、总量持续增加，并在确保财政投入持续增长、拓宽资金筹集渠道、提高金融服务水平等方面进行了专门的决策部署，其中许多方面政策"含金量"很高。如"调整完善土地出让收入使用范围，提高农业农村投入比例"，"改进耕地占补平衡管理办法，建立高标准农田建设等新增耕地指标和城乡建设用地增减挂钩节约指标跨省调剂机制，将所得收益通过支出预算全部用于巩固脱贫攻坚成果和支持乡村振兴"等。

开拓投融资渠道、强化乡村振兴的投入保障机制，当前鼓励以银行为重点的正规金融创新是必要的，但仅有这些方面还是远远不够的。通过创新制度，推进农村金融联结，将正规金融的资金优势和非正规金融的信息优势、契约执行优势有机结合起来，可以更好地适应农村金融市场的内生机制和微观结构，创新和增加农村金融服务供给。农村金融联结在许多南亚、东南亚国家已经取得了较大成功，甚至在美国、日本等发达国家也较为普及，应加强引导和支持。

近年来,中国农村金融政策和实践创新不断展开,但与推进乡村振兴的实际需求相比,农村金融服务供给不足的问题仍然比较突出。这方面的原因固然很多,如有农业农村金融供求特点方面的因素,但在作为农村金融需求侧的农户、农村经营主体和作为农村金融供给侧的农村正规金融机构之间,甚至在面向"三农"需求的农村金融研究者和农村金融机构、农村金融供给研究者之间,沟通对话和换位思考机制不畅,双方不在一个话语体系和对话平台的问题或多或少地存在。这在相当程度上制约了农村金融、乡村振兴融资机制和金融政策的创新。要鼓励各地各部门结合自身特点,探索这些问题的破解之道。

在实施乡村振兴战略的过程中,开拓投融资渠道,除鼓励健全适合农业农村金融特点的金融体系外,还应高度重视以下4个方面的问题。一是鼓励国家开发银行、中国农业发展银行科学把握在乡村振兴中的职能定位,推动相关部门创新对国家开发银行、中国农业发展银行的考核机制,鼓励和支持国家开发银行、中国农业发展银行在参与乡村振兴的过程中更好地深化金融创新、优化金融服务供给,尤其是加大对乡村振兴的中长期信贷支持。二是鼓励不同类型的金融机构顺应农村金融需求分层发展、分类发展和不断增长的规模化需求,实现分层、分类和协同合作发展。三是鼓励将推进金融创新与完善产权制度和要素市场化配置结合起来,与推进多层次资本市场、期权期货市场、保险市场建设结合起来,与创新农村金融差异化监管体系结合起来。四是将创新乡村振兴的投入保障机制与完善工商资本、社会投入参与乡村振兴的激励约束或监管机制结合起来。

二、加强和改善党对"三农"工作的领导

在实施乡村振兴战略的基本原则中,将坚持党管农村工作,作为实施乡村振兴战略的首要原则;要求"确保党在农村工作中始终总揽全局、协调各方,为乡村振兴提供坚强有力的政治保障。因此,加强和改善党对"三农"工作的领导,应该是推进乡村振兴过程中必须高度重视的基点。需要注意的要按照增强协同性、关联性、整体性的系统发力,精准施策。

第四章　加强现代农业和乡村旅游发展

现代农业、休闲农业、乡村旅游作为乡村振兴的重要产业,推动着人民生活质量的提高以及美丽乡村的发展。

第一节　加强现代农业建设

一、夯实农业生产能力基础

(一)健全粮食安全保障机制

坚持以我为主、立足国内、确保产能、适度进口、科技支撑的国家粮食安全战略,建立全方位的粮食安全保障机制。按照"确保谷物基本自给、口粮绝对安全"的要求,持续巩固和提升粮食生产能力。深化中央储备粮管理体制改革,科学确定储备规模,强化中央储备粮监督管理,推进中央、地方两级储备协同运作。鼓励加工流通企业、新型经营主体开展自主储粮和经营。全面落实粮食安全省长责任制,完善监督考核机制。强化粮食质量安全保障。加快完善粮食现代物流体系,构建安全高效、一体化运作的粮食物流网络。

(二)加强耕地保护和建设

严守耕地红线,全面落实永久基本农田特殊保护制度,完成永久基本农田控制线划定工作,所有高标准农田实现统一上图入库,形成完善的管护监督和考核机制。加快将粮食生产功能区和重要农产品生产保护区细化落实到具体地块,实现精准化管理。加强农田水利基础设施建设,实施耕地质量保护和提升行动。

(三)提升农业装备和信息化水平

推进我国农机装备和农业机械化转型升级,加快高端农机装备和丘陵山区、果菜茶生产、畜禽水产养殖等农机装备的生产研发、推广应用,提升渔业船舶装备水平。促进农机农艺融合,积极推进作物品种、栽培技术和机械装备集成配套,加快主要作物生产全程机械化,提高农机装备智能化水平。加强农业信息化建设,积极推进信息进村入户,鼓励互联网企业建立产销衔接的农业服务平台,加强农业信息监测预警和发布,提高农业综合信息服务水平。大力发展数字农业,实施智慧农业工程和"互联网+"现代农业行动,鼓励对农业生产进行数字化改造,加强农业遥感、物联网应用,提高农业精准化水平。发展智慧气象,提升气象为农服务能力。

二、加快农业转型升级

(一)推进农业结构调整

加快发展粮经饲统筹、种养加一体、农牧渔结合的现代农业,促进农业结构不断优化升级。统筹调整种植业生产结构,稳定水稻、小麦生产,有序调减非优势区籽粒玉米,进一步扩大大豆生产规模,巩固主产区棉油糖胶生产,确保一定的自给水平。大力发展优质饲料牧草,合理利用退耕地、南方草山草坡和冬闲田拓展饲草发展空间。推进畜牧业区域布局调整,合理布局规模化养殖场,大力发展种养结合循环农业,促进养殖废弃物就近资源化利用。优化畜牧业生产结构,大力发展草食畜牧业,做大做强民族奶业。加强渔港经济区建设,推进渔港渔区振兴。合理确定内陆水域养殖规模,发展集约化、工厂化水产养殖和深远海养殖,降低江河湖泊和近海渔业捕捞强度,规范有序发展远洋渔业。

(二)壮大特色优势产业

以各地资源禀赋和独特的历史文化为基础,有序开发优势特色资源,做大做强优势特色产业。创建特色鲜明、优势集聚、市场竞争力强的特色农产品优势区,支持特色农产品优势区建设标准化生产基地、加工基地、仓储物流基地,完善科技支撑体系、品牌与市场营销体系、质量控制体系,建立利益联结紧密的建设运行机制,形成特色农业产业集群。按照与国际标准接轨的目标,支持建立生产精细化管理与产品品质控制体系,采用国际通行的良好农业规范,塑造现代顶级农产品品牌。

实施产业兴村强县行动,培育农业产业强镇,打造一乡一业、一村一品的发展格局。

三、建立现代农业经营体系

(一)巩固和完善农村基本经营制度

落实农村土地承包关系稳定并长久不变政策,衔接落实好第二轮土地承包到期后再延长30年的政策,让农民吃上"长效定心丸"。全面完成土地承包经营权确权登记颁证工作,完善农村承包地"三权"分置制度,在依法保护集体所有权和农户承包权前提下,平等保护土地经营权。建立农村产权交易平台,加强土地经营权流转和规模经营的管理服务。加强农用地用途管制。完善集体林权制度,引导规范有序流转,鼓励发展家庭林场、股份合作林场。发展壮大农垦国有农业经济,培育一批具有国际竞争力的农垦企业集团。

(二)壮大新型农业经营主体

实施新型农业经营主体培育工程,鼓励通过多种形式开展适度规模经营。培育发展家庭农场,提升农民专业合作社规范化水平,鼓励发展农民专业合作社联合社。不断壮大农林产业化龙头企业,鼓励建立现代企业制度。鼓励工商资本到农村投资适合产业化、规模化经营的农业项目,提供区域性、系统性解决方案,与当地农户形成互惠共赢的产业共同体。加快建立新型经营主体支持政策体系和信用评价体系,落实财政、税收、土地、信贷、保险等支持政策,扩大新型经营主体承担涉农项目规模。

(三)发展新型农村集体经济

深入推进农村集体产权制度改革,推动资源变资产、资金变股金、农民变股东,发展多种形式的股份合作。完善农民对集体资产股份的占有、收益、有偿退出及抵押、担保、继承等权能和管理办法。研究制定农村集体经济组织法,充实农村集体产权权能。鼓励经济实力强的农村集体组织辐射带动周边村庄共同发展。发挥村党组织对集体经济组织的领导核心作用,防止内部少数人控制和外部资本侵占集体资产。

四、强化农业科技支撑

(一)提升农业科技创新水平

培育符合现代农业发展要求的创新主体,建立健全各类创新主体协调互动和创新要素高效配置的国家农业科技创新体系。强化农业基础研究,实现前瞻性基础研究和原创性重大成果突破。加强种业创新、现代食品、农机装备、农业污染防治、农村环境整治等方面的科研工作。深化农业科技体制改革,改进科研项目评审、人才评价和机构评估工作,建立差别化评价制度。深入实施现代种业提升工程,开展良种重大科研联合攻关,培育具有国际竞争力的种业龙头企业,推动建设种业科技强国。

(二)打造农业科技创新平台基地

建设国家农业高新技术产业示范区、国家农业科技园区省级农业科技园区,吸引更多的农业高新技术企业到科技园区落户,培育国际领先的农业高新技术企业,形成具有国际竞争力的农业高新技术产业。新建一批科技创新联盟,支持农业高新技术企业建立高水平研发机构。利用现有资源建设农业领域国家技术创新中心,加强重大共性关键技术和产品研发与应用示范。建设农业科技资源开放共享与服务平台,充分发挥重要公共科技资源优势,推动面向科技界开放共享,整合和完善农业农村大数据科技资源共享服务平台。

(三)加快农业科技成果转化应用

鼓励高校、科研院所建立一批专业化的技术转移机构和面向企业的技术服务网络,通过研发合作、技术转让、技术许可、作价投资等多种形式,实现科技成果市场价值。健全省市县三级科技成果转化工作网络,支持地方大力发展技术交易市场。面向绿色兴农重大需求,加大绿色技术供给,加强集成应用和示范推广。健全基层农业技术推广体系,创新公益性农技推广服务方式,支持各类社会力量参与农技推广,全面实施农技推广服务特聘计划,加强农业重大技术协同推广。健全农业科技领域分配政策,落实科研成果转化及农业科技创新激励相关政策。

五、完善农业支持保护制度

(一)加大支农投入力度

建立健全国家农业投入增长机制,政府固定资产投资继续向农业倾斜,优化投入结构,实施一批打基础、管长远、影响全局的重大工程,加快改变农业基础设施薄弱状况。建立以绿色生态为导向的农业补贴制度,提高农业补贴政策的指向性和精准性。落实和完善对农民直接补贴制度。完善粮食主产区利益补偿机制。继续支持粮改饲、粮豆轮作和畜禽水产标准化健康养殖,改革完善渔业油价补贴政策。完善农机购置补贴政策,鼓励对绿色农业发展机具、高性能机具以及保证粮食等主要农产品生产机具实行敞开补贴。

(二)深化重要农产品收储制度改革

深化玉米收储制度改革,完善市场化收购加补贴机制。合理制定大豆补贴政策。完善稻谷、小麦最低收购价政策,增强政策灵活性和弹性,合理调整最低收购价水平,加快建立健全支持保护政策。深化国有粮食企业改革,培育壮大骨干粮食企业,引导多元市场主体入市收购,防止出现卖粮难。深化棉花目标价格改革,研究完善食糖(糖料)、油料支持政策,促进价格合理形成,激发企业活力,提高国内产业竞争力。

(三)提高农业风险保障能力

完善农业保险政策体系,设计多层次、可选择、不同保障水平的保险产品。积极开发适应新型农业经营主体需求的保险品种,探索开展水稻、小麦、玉米三大主粮作物完全成本保险和收入保险试点,鼓励开展天气指数保险、价格指数保险、贷款保证保险等试点。健全农业保险大灾风险分散机制。发展农产品期权期货市场,扩大"保险+期货"试点,探索"订单农业+保险+期货(权)"试点。健全国门生物安全查验机制,推进口岸动植物检疫规范化建设。强化边境管理,打击农产品走私。完善农业风险管理和预警体系。

第二节 开发休闲农业

一、休闲农业的概念

休闲农业并不是一个通用术语,在不同国家与地区,存在诸多相近的表述,如"观光农业""旅游农业""体验农业""乡村休闲"等。据研究,中文"休闲农业"一词在公开场合最早使用是在 1989 年我国的台湾大学举办的"发展休闲农业研讨会"上,将休闲农业定义为:指利用田园景观、自然生态及环境资源,结合农林牧渔生产、农业经营活动、农村文化及农家生活,提供人们休闲,增进人们对农业及农村的体验为目的的农业经营。以此为源头,大陆学者开始介入"休闲农业"的界定,2002 年,《全国农业旅游示范地、工业旅游示范点检查标准(试行)》发布,其中对农业旅游点进行了界定:指以农业生产过程、农村风貌、农民劳动生活场景为主要旅游吸引物的旅游点。2013 年,原农业部印发《全国休闲农业发展"十二五"规划》,从官方层面对"休闲农业"进行了表述。文件指出:休闲农业是贯穿农村一、二、三产业,融合生产、生活和生态功能,紧密连接农业、农产品加工业、服务业的新型农业产业形态和新型消费业态。至此,我国休闲农业的内涵得以确定。

二、休闲农业的界定

以《全国休闲农业发展"十二五"规划》中休闲农业的界定为基础,参考国内外业界专家的讨论,休闲农业可以从以下四个方面进行界定:

(一)休闲农业的本质是一种新型农业产业形态

休闲农业既不同于传统的农业生产经营形态,也不同于休闲产业单纯的娱乐服务属性,它是以农业自然生态为核心,将种养殖、林业、牧业、渔业等产业资源与旅游休闲功能进行整合后形成的新型农业产业形态。但休闲农业具有较为明显的季节性与地域性,需要根据农业生产的季节性与地域性特征设计休闲产品,同时,也需要通过差异化产品组合,淡化季节性影响。

(二)休闲农业以"三农"为发展基础

休闲农业的发展需要充分考虑农业、农村、农民问题,不能脱离"三农"基础。在农业方面,通过休闲功能的植入,休闲农业的发展可拉长农业产业链,提升农产品的附加价值,实现一、二、三产业的融合;在农民方面,休闲农业的发展,可充分吸收农村剩余劳动力,在加工业、服务业等方面增加农民就业,同时,还可拉动农民创新创业;在农村方面,休闲农业以产业发展带动区域经济发展,同时通过传统文化的传承、基础设施与公共服务设施的完善、城市文化的碰撞,提升社会文明水平。

(三)休闲农业以"三产融合"构建产业形态

休闲农业是一种"泛农业"概念,是传统农业与加工制作、旅游休闲、康体运动,以及科学技术、物联网、互联网等各类产业融合形成的产业形态。因此,休闲农业是以"农"为基础,以休闲化为导向,通过农业与二、三产的深度融合,打造丰富的产品类型与活动体验,最终形成一、二、三产互促发展的创新产业形态。

(四)休闲农业融合生产、生活、生态功能

休闲农业集生产、生活、生态功能于一体,为消费者提供生产体验、农产品购买、生活方式体验、生态环境共享等服务,其目的是通过休闲化打造,充分挖掘乡村的生态优势与文化优势,盘活农村闲置资源,以推动农业增效、农民增收、农村增绿。

三、休闲农业的开发模式

依托不同的资源基础与开发手段,休闲农业有多种开发模式。从实际现状看,艺术观光、休闲聚集、智慧科普、田园养生是休闲农业目前主流的四种开发模式。本书将针对目前休闲农业开发中的问题,围绕这四种开发模式的内容、产品类型开发要点等进行讨论。

(一)艺术观光型开发

艺术观光型休闲农业是指通过艺术手法的介入,使乡村原有的良田、粮食蔬菜、花卉苗木、乡村农舍、溪流河岸、园艺场地、绿化地带、产业化农业园区、特种养殖业基地等自然人文景观形成独特的艺术魅力,并以此为核心,融入文化、旅游、休闲元素,打造艺术节、文化村等活动与项目,为旅游者构建以艺术观光休闲为主要内容的产品。这类产品使得游客回归自然,感受大自然的原始美以及艺术与自然融合的震撼力,在山清水秀的自然风光和多姿多彩的艺术形态间放松自己,从而获得一种心灵上的愉悦感。

产品类型:艺术观光休闲产品强调艺术植入与艺术的生活化处理,其产品兼具自然艺术与生活艺术的美感。主要类型详见表4-1。

表4-1 艺术观光型休闲农业的重要产品类别及项目

类别	特点	具体项目
艺术田园观光	创意景观	花海(油菜花、向日葵、薰衣草、胡麻花、郁金香等)、稻田、梯田、花季果园、丰收田园、麦田怪圈、稻田画等
设施农业观光	科技农业景观	立体种植、容器种植、无土栽培、温室栽培、温室花卉、创意农业、基因工厂等
建筑艺术观光	建筑景观	特色民居(竹屋、土屋、窑洞、石头房子等)、生态建筑、仿生建筑等
人文艺术观光	文化记忆	艺术设计小品、博物馆/文化馆/艺术馆、农业遗址等

开发要点:艺术观光型休闲农业的开发以艺术与乡村风貌的改造融合为核心,主要有三个要点:

(1)以艺术家为核心多方共同参与。艺术观光休闲产品的打造需要艺术家、原村民消费者的共同参与,该类产品的核心生命是艺术,需要艺术家倾注心力,对原有的田园、建筑等农业资源进行融合改造,并根据场景进行艺术创新,最终形成具有核心吸引力的艺术观光产品。而艺术观光产品产生的全过程都离不开原村民的参与,原村民提供闲置的乡村农业资源,参与休闲活动的经营,并在区域发展中受益。由艺术连接起来的消费者,具有较高的忠诚度,通过适当的引导,能够与原村民一起推动区域的艺术发展与产品更新。

（2）依托区域资源，打造可持续更新的艺术观光休闲模式。艺术具有生命性，与个人生活、时代发展等密切相关，需要持续不断的改造、创新，这样才能为项目注入持续的生命力。因此，这一开发模式应尽量选择具有持续性的艺术活动来带动，以不断保持产品的时代感与创新性。

（3）以更宽广的视角，打造产品的独特性与典型性。艺术是人类情感的表现，艺术与农业的融合远不是在农业环境中放几个艺术作品那么简单，它需要艺术与乡村风貌的完美融合，需要从人类共通情感中打造农业中的艺术世界，形成具有独特魅力、典型价值的艺术场景与体验。

（二）休闲聚集型开发

休闲聚集型农业开发是以农业为基础，以宁静、松散的自然氛围为依托，以农事体验、花卉观光、科普、运动等多种多样休闲体验活动为核心的一种开发模式。此模式核心在于通过"主题化"途径打造乡村休闲活动和乡村文化的极致化体验，进而通过休闲消费的聚集来提升运营和盈利能力。主题往往能构成项目吸引核，成为吸引人流的利器，并通过主题型特色体验和特色服务内容的提供，留住人群，刺激消费，推动产业升级。

打造重点：主题聚焦下的休闲农业开发主要有三个要点：

（1）充分挖掘主题资源。基于乡村文化和农业特色，聚焦特色主题进行突破。通过景观设计和体验情景的融入，让游客感受到主题氛围，并参与其中，满足其体验诉求。

（2）围绕主题形成产品支撑体系。主题资源及文化的挖掘和定位固然重要，但最终落地是要靠主题型核心产品和项目支撑。

（3）基于主题形成品牌化发展。在主题体验产品和主题氛围的营造下，通过文创将主题导入"种植、加工、包装、营销"等环节，提升农产品附加值，并借助互联网和微平台，形成互动营销和品牌宣传，拓展游客和消费市场。

产品类型：休闲聚集型开发模式下，结合市场需求和主要功能综合考虑，休闲农业的产品一般分为特色农业类休闲、亲子类休闲、运动类休闲、文化类休闲、科普类休闲及其他特色休闲等类别。详见表 4-2。

表 4-2 聚集型休闲农业的重要产品类别及项目

类别	特点	具体项目
特色农业类休闲	特色农产品为吸引	花卉休闲游、林果采摘游(草莓、苹果等)、休闲牧业游、葡萄庄园、茶园、水草农场、水稻农庄、竹林生态乐园、休闲渔场等
亲子类休闲	儿童游乐+亲子活动	亲子乐园、萌宠乐园、番茄庄园、亲子DIY(自己动手)等
运动类休闲	运动拓展	花田/农间迷宫、赛场,农业主题马拉松、趣味运动会、田园风筝节等
文化类休闲	农俗+民俗风情	农耕文化馆、农耕文化主题农庄、民间技艺、民族村落(中华民族村)、乡土艺术主题民宿等
科普类休闲	自然教育+农业科技展示	农业科普教育、自然教育、科技农业园区、创意农业园等
其他特色休闲	婚礼主题、农业嘉年华、乡村音乐节、乡村市集等	

(三) 智慧科普型开发

随着互联网、物联网等信息技术及智慧设备在农业中的广泛应用,智慧农业成为农业转型升级的新途径。智慧农业运用现代科技手段进行农业生产种植,包括智能温室农业、无土栽培、精准农业等现代农业生产和经营内容,具有规模化、产业化、精准化等特点。

智慧科普型休闲农业是基于农业科技内涵,以智慧农业为核心,集科技展示/示范、旅游观光、科普教育及休闲娱乐功能于一体的一种综合开发模式。智慧科普型休闲农业注重延伸科学教育功能,强调智慧科普的同时也强调娱乐参与性,通过体验化产品打造满足游客对科技的探秘和好奇,同时也成为智慧农业的重要宣传窗口。

产品类型:智慧科普型开发模式下,根据主要服务功能来看,一般分为科技观光、科普教育、农业科研、休闲游乐等产品类别。(详见表4-3)

表4-3 智慧科普型休闲农业的重要产品类别及项目

类别	特点	具体项目
科技观光	技术展示	智慧农业园、智能温室、设施园艺示范园、沙漠植物室、绿色农业种植园、农业创意馆、智能生态农场等
科普教育	技术普及	教育农场、自然学校、亲子科普活动、智慧农乐园等
农业科研	技术支撑	新型农业科研基地、垂直农业技术馆、健康科技农园、国际农业交流园、会议会展活动等
休闲游乐	趣味体验	AR主题乐园(现实主题乐园)、科技DIY(自己动手)、主题餐厅、主题农事节庆等

开发要点:科技农业资源、科普教育及休闲旅游功能的深度融合是智慧科普型休闲农业开发的关键。在具体实施过程中,应充分利用农业新科技及智慧化管理,并结合农业田园风光、农耕文化等资源,形成"科技+农业+教育+旅游"的创新型产品谱系。

(1)打好"科技牌",做好农业科技的展示和示范。智慧农业从育种到采摘全链生产过程都与传统农业不同,技术含量高,管理现代,同时有一定的观光展示和虚拟体验等功能,能形成休闲带动效果。

(2)做好科普活动及教育课程的设计。在已有资源和生产基础上,针对不同的科普对象(行业内技术人员、行业管理人员,还有青少年等)创新性地从科普内容、体验活动、服务内容等方面形成一套面向市场的科普体验产品体系。

(3)补充大众休闲游乐产品体系。在智慧科普的核心产品下,从农业附加价值的实现和项目综合收益角度考虑,要丰富全方位全周期的休闲、趣味、游客体验内容和服务设施,对接市场多层次的体验和游乐需求,实现从深度向广度的市场拓展。

(四)田园养生度假开发模式

近几年,随着人们旅游观念的转变,休闲度假逐渐成为种趋势,依托蓝色天空、清新空气的乡村田园养生度假受到都市人的追捧。度假型休闲农业以"农作、农事、农活"的体验为基本内容,重点在于享受乡村的生活方式,借以放松身心,达到休闲的目的。通常来说,主要由度假农庄提供田园养生度假服务,并同时提供乡间散步、爬山、滑雪、骑马、划船、漂流等观光、休闲、娱乐、康体、养老等多种配套产品,以丰富乡村度假内容,满足多样化度假需求。

产品类型:田园养生度假休闲农业的主要产品类型有农事体验、绿色生态美食、特色住宿、田园养生、运动休闲等。详见表4-4。

表4-4 田园养生度假型休闲农业的重要产品类别及项目

类别	特点	具体项目
农事体验	田园生活	开心农场(种植、采摘、垂钓)、田园牧歌、养老庄园等
特色农庄住宿	住宿载体	特色农家院和客栈、渔家村、酒庄、木屋、乡村帐篷等
绿色生态美食	食疗养生	农村集市、有机餐厅、新农村怀旧餐厅、温室生态餐厅、农家特色餐厅等
田园养生养老	养生保健	园艺疗法、中医理疗馆、养生会所、生态健身步道等

开发要点:田园养生度假休闲农业的开发主要有四个要点:

(1)多主体共同开发。田园度假休闲涉及乡村住宿、特色餐饮养生养老产品等诸多方面,其开发需要村集体、农民、企业的配合,形成共担责任、共享利益的开发结构。

(2)闲置资产的利用。在大规模乡村人口进城的背景下,乡村出现大量的闲置房屋、土地,这些闲置资源的充分利用,有利于缓解我国用地矛盾,保护耕地资源,增加农民收入,助益乡村振兴。

(3)打造田园度假产品独特的"乡土味"。从某种意义上说,田园度假是一次对乡土文化与生活的体验,因此,田园度假产品应通过材质、建筑形态等营造淳朴的乡村氛围,从文化活动、餐饮配套等方面形成乡土的生活方式,让旅游者体会本真的乡土味。

(4)高品质的乡村度假生活。"乡土味"不等于低端的产品服务,田园度假应在"乡土"基础上,提供丰富的现代休闲配套和高端的度假服务。

需要说明的是,具体到某个休闲农业项目的开发可能涉及艺术观光、主题休闲、科技农业、田园养生等多个层面,在实际操作中,不同项目需要根据其自身的现实条件综合考量,选择最合适的开发模式。

第三节 乡村旅游发展

一、乡村旅游的概念

乡村,是相对城市而言的地域概念,城市以外的一切地域就可以称之为乡村,它是一个地理单元,不仅包括一个辽阔的空间,也包括分布在这一空间内的各个部门和所有综合实体。

乡村旅游起源于1885年的法国,19世纪80年代开始大规模发展。由于这一旅游形态的历史并不是很悠久,其在学术界出现的时间也不是很长,所以,国内外学术界对乡村旅游至今还没有完全统一的定义,旅游体验论者、文化审美论者、社会人类学者、经济实用论者均从不同学科的角度进行了多层面、多维度的论述,对于乡村旅游的定义各有侧重、表述不一,且带有颇多的主观感知性。例如,Jafar Jafari 在其主编的《旅游百科全书》中将乡村旅游定义为:乡村旅游使用乡下地方作为资源,它与都市居民寻求宁静和户外游憩的空间相联系,而不是专门指与自然相联系而已。乡村旅游包括游览国家公园、乡村地区的遗产旅游、在风景区兜风并且享受乡间的风光,以及农庄旅游(或者叫休闲农业)。

国际上对乡村旅游的称谓也各不相同,有"农村旅游""田园旅游""休闲农业""观光农业""旅游农业""旅游生态农业"等。

我国乡村旅游兴起于20世纪80年代。虽然经过了近40年的发展,但是对于乡村旅游的定义,国内学术界目前也没有取得统一的认识,乡村旅游的定义多达30多种。综合他们的观点,本书认为,乡村旅游以农民家庭为基本的接待和经营单位,以自然生态环境、现代农业文明、浓郁民俗风情、淳朴乡土文化为载体,以利用农村的环境资源、农民生活劳动为特色,以营利为目的,集餐饮、住宿、游览、参与、体验、娱乐、购物等于一身,舒适惬意陶冶性情,这是一种综合性休闲度假旅游活动方式,是一种由传统的观光旅游向休闲旅游过渡的新的旅游形态。

二、乡村旅游的功能

(一)游憩功能

乡村旅游为游客提供绿色休闲活动空间,开展观光、休闲、度假、旅游,享受乡野风光及大自然的乐趣,这正是其游憩功能之所在。

(二)经济功能

经济功能是乡村旅游的重要功能之一,它能够发展绿色农业,直接销售农产品,增加农村就业机会,提高农民收益。乡村旅游的经济功能主要体现在以下三个方面:

(1)乡村旅游可以调整和优化农业生产结构,扩大农业生产范围,提高农产品附加值,加快农业劳动力转移,使农村走上农业产业化、农村市场化的道路,从而提高乡村的知名度,为乡村的招商引资提供更好的条件,促进乡村走出闭塞、走向富裕。

(2)乡村旅游利用的是农业的生产经营活动、农业自然环境和人文资源,并对其进行规划设计,打造一个具有田园之乐的观光休闲旅游度假园区,这样不仅能够高效发挥农业生产功能,还可以发挥农业的生活功能和生态功能,增加农业效益和农民收入,促进农村经济繁荣。

(3)乡村旅游的发展,能为农民提供新的就业机会。农家乐经营、种植、养殖业、农副产品加工、运输业以及相应设施的装修建筑等都需要大量的劳动力,而且这些对从业人员并没有年龄的限制,尤其是为那些50岁左右的妇女提供了良好的就业平台,是解决农村剩余劳动力的捷径。

(三)社会功能

乡村旅游的社会功能表现为乡村旅游的发展可以使广大乡村地区成为区域关注的焦点,增进城市居民与农民的接触,拓展农民的人际关系,还有利于乡村引进社会保障、医疗保险等制度,为广大农民过渡为社区居民创造更多的社会福祉,缩小城乡差距。

(四)文化功能

文化的差异性是吸引游客的重磅利器。所以,发展乡村旅游,可以使乡村文化得以继续延续和传承,并且在竞争的过程中,有些乡村还可以创造出具有特殊风格的农村文化以吸引游客的到来。

(五)医疗功能

乡村旅游还具有医疗功能,这一功能是针对游客而言的。乡村旅游的游客为城镇居民,来到生活安逸、环境舒适的乡村,城镇居民的紧张情绪一下子就得到了缓解,他们在日常生活和工作中的压力也减轻了,达到舒畅身心的作用。

(六)教育功能

乡村旅游的教育功能主要表现在两个方面:

(1)城镇游客相对文明的语言、举止以及对卫生、环境的讲究,可以言传身教给农民,在接待游客的过程中,农民可以学到卫生、医疗、金融、法律等方面的知识,有利于他们告别传统陋习,不断提高自身素质。

(2)乡村旅游为城市居民认识农业、了解农业生产过程、体验农村生活提供机会,使城市居民获得农业知识。

三、我国现代乡村旅游的发展特点

（一）乡村旅游规模不断提升

目前，作为世界最大的国内游市场，我国城镇居民周末休闲及假期出游，70%以上选择周边乡村旅游点，全国主要城市周边乡村旅游接待人数年增长均高于20%，我国乡村旅游已发展成为我国旅游业的重要组成部分，乡村旅游规模实现快速扩张。

（二）以农业观光和休闲农业为主要开发模式

乡村旅游的开发模式以农业观光和休闲农业为主。国内游客参与率和回游率比较高的乡村旅游项目是以"住农家屋，吃农家饭，干农家活，享农家乐"为内容的民俗风情旅游和以收获各种农产品为主要内容的务农采摘旅游。

（三）管理服务体系基本建立

全国建立健全了国家各相关部门的乡村旅游协同推进工作机制，颁布了乡村旅游发展规划，做好顶层设计，以科学规划为主导，保证乡村旅游开发建设有序推进。2014年，国务院出台《关于促进旅游业改革发展的若干意见》（国发〔2014〕31号），各省区市深入贯彻落实国发31号文件，强化了旅游统筹协调机制。旅游综合改革深入推进，共有十个市县开展国家旅游综合改革试点，这些都为乡村旅游发展提供了政策保障。同时，我国不断健全乡村旅游标准化体系，建立和实施了乡村旅游住宿、餐饮、娱乐、购物等主要消费环节的服务规范和安全标准，强化了市场监管、宣传促销、人才培训和公共服务等工作。

（四）农业休闲功能大大拓展

乡村旅游对资源的要求不高，基本保持了原有的农业生态，所提供的产品服务丰富多彩，可以是自然的山水、民俗的建筑，也可以是艺术商品，还可以是民俗文化体验活动等。多年来，我国大力发展乡村旅游，紧密结合"互联网+"，有效拓展了农业功能，扩大了产业领域。乡村旅游业优化了农村产业结构，实现了传统农业、现代农业与旅游业的最佳结合，观光农业、特色农业进一步丰富了乡村旅游内涵。

通过发展采摘、种植、养殖、水产等休闲园或休闲农庄,培育了农村特色产业,充分挖掘和拓展了农业休闲功能。

四、加强乡村旅游发展的措施

(一)定位乡村旅游开发主题

就当前而言,乡村旅游开发主题定位包括三个层次,即发展目标定位、功能定位和形象定位。其中,发展目标是根本性的决定因素,是实质性主体;功能定位则是由发展目标决定的内在功能;形象定位是发展目标的外在表现。

1. 发展目标定位

乡村旅游发展目标的制定,是为了监控乡村旅游开发的实际产出与总目标之间的差距,以衡量乡村旅游区规划和开发是否成功,并找出存在的问题进行反馈与修正。一般而言,乡村旅游的发展目标主要有经济发展目标、村民生活水平目标、社会安定目标、环境与文化遗产保护目标、基础设施发展目标等。而从乡村旅游业来说,乡村旅游规划和开发的主要目标则是追求商业利润与经济增长,促进环境保护;而地方政府方面的目标则偏向于增加就业、税收、外汇收入,关注人民生活水平提高及基础设施改善等。

2. 功能定位

通常来说,乡村旅游区会具有多方面的功能,至于如何确定某一个乡村旅游区的具体功能,需要对与该乡村旅游区相关的各方面因素进行综合考虑。概括而言,乡村旅游区规划和开发的功能可以划分为经济功能、社会功能和环境功能。

3. 形象定位

旅游形象是旅游者对旅游地各类要素的体验感知与情感评价的综合,是旅游地吸引物、旅游服务、自然环境、社会环境等的外部表征,也是旅游地的历史、现实与未来的一种理性再现。旅游地的旅游形象是吸引旅游者的关键因子,也是决定旅游地是否可持续发展的重要因素。因此,形象定位是当前进行乡村旅游开发主体定位最常用的一种方式。

(二) 完善乡村旅游设施建设

乡村旅游乐在幽静的山水、迷人的田园风光、朴实的农家装饰、舒适的休闲娱乐和文明的接待氛围,乐在使旅游者感受自然、回归自然,获得一种心旷神怡的情境和景致。而要使旅游者真正感受到乡村旅游的乐趣,必须做好乡村旅游的设施建设。

1. 乡村旅游设施建设的基本原则

乡村旅游设施是为适应旅游者在乡村旅行游览中的需要而建设的各项物质设施的总称,是发展乡村旅游业不可缺少的物质基础。乡村旅游设施的建设并不是盲目的,需要遵循一定的原则,具体如下:

(1) 乡村性原则

与传统大众旅游相比,乡村旅游的旅游者所追求的不是豪华舒适的旅游设施,而是彻底融入当地农民生活的特点,追求朴素、自然与协调,因此,乡村旅游设施建设的中心原则便是乡村性原则,即要最大限度地突出和保持原汁原味的农家风味。

(2) 自然性原则

自然性原则指的是乡村旅游设施建设应师法自然,天人合一,体现人与自然的高度和谐。也就是说,乡村旅游设施的使用材料应取之自然,通常采用农民可自己生产或就地取材的自然材料,如木头、砖块、稻草、麦秸、芦苇等,即使被毁坏,还可以回收再利用。

(3) 闲置性原则

闲置性原则指的是乡村旅游设施建设要尽可能减少不必要的人工设施,尽量利用闲置空间和设施。乡村处处有闲置空间,大树绿荫下、水塘旁、野花小径、荷花池畔、茶园里,只要用心创造,这些地方都有可能成为浪漫空间,而且近年来,随着农村劳动力的大量转移,农村中留下许多闲置空间,如仓库、房舍与田地等,此外,还有许多能满足旅游者需求的设施物,如对外联系的道路、路标与排水系统、餐厅、厕所、步道、铺面、休憩座椅、凉亭、平台栏杆及垃圾桶等。这些设施物如果新建,不但有人工化之嫌,而且花费大,但如果充分利用闲置空间并加以改善,可以减少对乡村环境的冲击，如将仓库改作为服务中心或利用田埂作为步道等。

2. 乡村旅游设施建设的内容

乡村旅游设施涉及的内容是十分广泛的，在这里注重阐述一下对乡村旅游影响较大的基础设施的建设。

(1) 吃饭设施建设

乡村旅游的吃饭设施，主要是农家餐厅。在进行农家餐厅建设时，可从以下几个方面着手：

①农家餐厅的布局要合理

农家餐厅的厨房设计一般比较简单，往往厨房设备较多，而所需生产人员不多，最好按"U"形布局，将冰箱、冰柜和加热设备沿四周摆放，留一个或多个出口供人员、原材料进出。这样的布局，人在中间操作，取料操作方便，节省行走距离，设备靠墙摆放，可以充分利用墙壁和空间，显得更加经济和整洁。

②农家餐厅的硬件配置要合理

农家餐厅在硬件设施的配置上，可参照卫生部推行的食品卫生量化分级管理要求，结合农家餐饮服务的特点以及农家餐厅的规模大小，分间或分区设立粗加工区、切配区、烹调加工区和就餐区，规模较大者分间设立，规模较小者可分区设立。

③农家餐厅的厨房排烟设施要完善

农家餐厅的厨房最好采用自然风窗，应与夏季主导风向一致，要保证厨房油烟不四处扩散、不污染餐厅，仅靠自然通风是不够的，必须借助换气扇等通风排烟设施。

④农家餐厅厨房必须配备消防设施

农村消防意识一般比较薄弱，一旦发生厨房失火事件，往往很难控制。所以厨房需要配备灭火器、防火毯、黄沙等消防设施，一旦出现险情可以马上得到解决。

⑤农家餐厅厨房的墙面装饰要合理

农家餐厅厨房的墙壁应该平整光洁，无裂缝凹陷，经久耐用和易于清洁，以免藏污纳垢。由于厨房墙壁和天花板一样，处于湿度较大的环境，因此为了便于清洁和防止霉变，厨房墙面至天花板应铺满瓷砖。

(2)住宿设施建设

乡村旅游的住宿设施,主要是农家旅舍。农家旅舍是指利用农户自家住宅空闲房间,结合当地人文与自然景观、生态、环境资源及农林渔牧生产活动,以家庭副业方式经营,为旅游者提供乡野生活的住宿场所。其重在突出单纯朴实,简约而不失整洁的特点,并有着浓浓的人情味和独特的风格。因此,在进行农家旅舍建设时,可从以下几个方面着手:

①农家旅舍建设要突出其民居化

农家旅舍的建设应结合所处的地理环境,因地制宜,就地取材,或搭成一座茅庵草舍,或利用岩洞,或盖一座石板房,或搭建一窝帐篷,或建一幢小竹楼,或修一处吊脚楼,或造一座小木屋,或盖成小青瓦粉红土墙,或垒砌一座石头屋,或利用河道建在水上,或利用林木建在树上,凸显农家旅舍的民居化,定会卓尔不群。

②农家旅舍的装饰要体现出当地的民俗文化

在进行农家旅舍的装饰时,要注意与当地民俗文化紧密结合,突出乡村情趣。比如,农家旅舍的门上贴以对联、门画、门笺;堂屋贴以农民字画、年画,陈设香案;窗户、顶棚、箱柜贴以剪纸等。

③农家旅舍的设施要合理

农家旅舍由于商业性不强,多作为副业经营,且不构成家庭的主要收入来源,因此,基本设施不能以旅馆或一般旅社标准来要求,但旅游者所需的基本设施必不可少,而且在房间规格、房间内部陈设、床铺、公共活动场所以及周边设施等方面需明确设立与精心安排。其中,农家旅舍的房间通常以通铺、家庭式、套房式为主,且要体现出农家屋宽敞的特点;房间内部只要陈列简单的床具、一两把椅子、一个小茶几、一个小衣柜即可;床铺由于各地风俗各异,因而呈现出多样化的色彩,没有必要统一,但对于床铺的结实、平整、卫生、舒适四个方面却不能马虎;公共活动场所也是农家旅舍不可缺少的,其可与餐厅在一起;农家旅舍周边景观设计、有无停车场、停车场大小、导览或解说设施以及有无提供户外活动场地等,也都是需要考虑的内容。

(3)交通设施建设

在乡村旅游开发与经营中,便利的交通具有举足轻重的作用。对普通的旅游者来讲,不论乡村旅游区(点)的景观如何优美、资源如何丰富,若无法顺畅地进入景区从事游憩活动、获得体验,该景区对旅游者而言将毫无意义。交通便利与否将直接决定旅游者的旅游流向,即使是有车一族,因爱惜自己的车,也不愿去偏僻地段,从而选择交通状况良好的乡村旅游地。因此,便利的交通是乡村旅游成功经营的重要因素,也是乡村旅游设施建设中不容忽视的一项内容。在进行交通设施建设时,要特别注意以下几个方面:

①要充分利用已有道路和田埂道

乡村旅游交通应充分利用现有道路和田埂道,在不破坏现有农田生态系统的前提下,精心设计线路。

②要进行合理的步道设计

步道在乡村旅游规划中不可或缺,它可以是引导游客穿越特定户外空间使用的林荫道、广场和绿地。设计一条好的步道首先是要考虑安全因素,即要有足够的宽度、适当的斜度和具有耐久性与防滑性的表面装饰材料,此外还需有良好的景观、供行人休息的座椅,步道周边的植物、铺面、水池、喷泉等景致也需精心考虑,以增强基地各要素间动线的美感经验。

③要确保行人能轻易地移动

在乡村旅游过程中,要确保行人能轻易地移动,必须做好行人空间大小的设计。行人空间的大小依使用的活动强度而定,如在行人动线系统中,步道或广场的宽度依据其容量、比例和其他设计因素之间的关系而定,人行道的宽度能供三人穿越或并肩而行,一般宽约1米,而行人聚集步道则为2米以上,大规模行人集散的步道广场或林荫步道的宽度,经容量分析后再决定其最小行人空间。为了在人群中便于轻易地移动而不致相碰,每人需1.2平方米的面积,若小于此数,则行人在移动时会受到阻碍,且部分行人在流动时,需小心移动。

④要设置合理的停车场

停车场的设置以邻近乡村活动地点为原则,并要做好停车场的绿化造景。此外,停车场的铺设宜采用透水性软底铺面材质,以增加土壤的含水量;在基础处理上应注意游览车车位的基础层厚度须大于小型车;供旺季期间使用的弹性停车空间,可为当地平坦的空间,不需再经由人工施筑处理。

停车场的设置还要与交通路线配合,考虑车辆进出的安全性,避免影响主要交通路线的流畅。

(4)乡村垃圾处理设施建设

乡村垃圾处理设施,主要是垃圾桶。在进行垃圾桶建设时,以下几方面要特别予以注意:第一,垃圾桶的位置要接近走道、马路,并且有服务车道,以便于收集。第二,垃圾桶须远离地下水源使用区,且以植物阻隔,以免破坏景观及水源卫生。第三,垃圾桶须加盖、分类、便于清理。第四,垃圾桶要在全区适当地点摆设,贮放时间一日为宜,以免垃圾发臭。第五,垃圾桶的设置要考虑风、雨及日晒,避免垃圾四处飞扬。第六,垃圾桶的造型应与主题及周围自然环境配合。

(三)开发乡村旅游产品

1. 乡村旅游产品开发的原则

在进行乡村旅游产品开发时,应该遵循下列原则:

(1)市场性原则

乡村旅游的发展应该以市场需求为导向,紧紧围绕主要目标市场的需求进行产品的要素设计。乡村旅游管理者应当加强市场调查,把握真实的市场需求,从而根据市场的需求设计出适销对路的产品。任何脱离市场需求的产品设计都潜伏着很大的危险性,得不到市场认可的乡村旅游产品最终会造成资源浪费和财产损失。

(2)独特性原则

在进行乡村旅游产品开发时,要尽可能避免雷同,走特色化、精品化路线。具体来说,乡村旅游产品的开发应以政府为主导,在深入调查区域乡村旅游资源的基础上,单独制定区域乡村旅游发展规划,深层次挖掘各地现有乡村资源的文化内涵,走差异化发展线路,成立乡村旅游联盟,使得各个地区都在打造自己独特的卖点,形成一村一品的良好格局,并且这些产品可以串成一条经典线路,给旅游者多样化乡村文化的体验。这样一来,乡村旅游开发的产品就具有多样化的特点,能够形成一村一景、一乡(镇)一特色、覆盖整个地区的大乡村旅游网络,对于推动乡村旅游的健康可持续发展是极为有利的。

(3)可持续发展原则

乡村旅游产品的开发不能以牺牲当地资源为代价,必须紧扣可持续发展这一主题,重视旅游资源的开发与生态环境的协调发展,防止出现掠取性开发。重视乡村旅游资源的可持续发展,还要把握好资源类型,对当地的旅游资源进行正确的评估,在此基础上设计的产品才能比较符合当地的实际情况,体现当地的资源价值和核心竞争力。

(4)质量性原则

乡村旅游产品的一个重要因素便是质量,如果缺乏有效的质量控制机制,可能对乡村旅游产品带来毁灭性的打击。因此,在进行乡村旅游产品开发时,必须从一开始就讲究产品质量控制,以保证乡村旅游的健康发展。

(5)参与性原则

旅游消费的本质是购买一种"经历""回忆""印象"或"体验",参与型旅游产品是让旅游者实现这一购买目的的最佳载体,开发乡村旅游产品时应注重设计多种类型和风格的参与活动,增加主动参与的趣味性、层次性、丰富性和多样性,如加工、品尝、健身、习艺、购物、民俗娱乐等都大有文章可做。

2. 乡村旅游产品开发的注意事项

在进行乡村旅游产品开发时,要特别注意以下几个事项:

第一,进行乡村旅游产品开发前,必须要认真分析目标市场的需求状况。第二,进行乡村旅游产品开发时,必须充分考虑当地乡村旅游经营者的能力,量力而行。第三,进行乡村旅游产品开发时,必须充分考虑其所能带来的综合性效益。第四,开发的乡村旅游产品必须具有新、特、奇的特点,并且能够满足乡村旅旅游者的需求和愿望。

(四)拓展乡村旅游发展模式

1. 依托景区开发模式

依托景区开发模式,主要是在地势较为平坦、道路较为通达的风景区周边发展乡村旅游。此外,依托景区开发模式的乡村一般毗邻著名的风景名胜区、森林公园、地质公园等,借助这些原有名胜的吸引力优势,开发多种多样的乡村旅游,如民居食宿、乡村休闲等。比如,浙江省临安市白沙村(太湖源景区),福建省泰宁县水际村(大金湖、世界地质公园),珠峰脚下的旅游之乡——扎西宗乡,云南省昆明市西山区的团结乡(西山国家森林公园)等。这些地方的乡村旅游开发,属于经济管理的"搭顺风车",在旅游学中属"借势"现象,因此,在整个环境营造、旅游项目设计等,都应该融合到大景区的氛围当中。旅游者在欣赏风景名胜区内自然风景之余,派生欣赏乡村景观。

2. 依托客源地开发模式

依托客源地开发模式就是借助紧邻城市的区位优势开发的城市居民休闲旅游,其资源优势主要是优越的自然环境,其产品功能是兼有观光和休闲,旅游线路也通常是短途线,周末一日或二日游。这类模式以成都"农家乐",北京"民俗村"为代表。

在开发乡村旅游时,利用依托客源地开发模式要特别注意以下几个方面:

第一,建设模式应是景观化打造,城市化建设,即按照城市建设标准完善农村基础设施,适度进行景观打造,保持良好的生态环境。第二,发展模式应该是专注休闲文化经济,注重培植产业支撑,即在发展乡村旅游的过程中要积极促进传统农业向休闲文化经济发展,培植生态产业,实现可持续发展。第三,生活模式应该是离土不离乡,就地市民化,即发展乡村旅游时要做到不征地、不拆迁,实现了农民离土不离乡,务工不进城,就地市民化,保证了农民失地不失利、不失业、不失权。此外,还要积极构建起农村医疗保障体系、农村产业体系和农民就业体系等,切实推动农村整体发展水平不断提升。

3. 民俗风情开发模式

俗话说"一方水土养一方人",中国地大物博,56个民族56种风俗,富饶的国土形成灿烂的风情习俗,悠久的历史形成多彩的民间文化,这些都是乡村旅游的无价之宝,也就形成了我国乡村旅游的一个重要发展模式——民俗风情开发模式。

民俗风情开发模式要是立足本土文化资源,为旅游者提供地方历史文化特色和原汁原味的乡情习俗等,它的资源就是那些农村的风土人情、民俗文化,包括岁时、节日、婚姻、生育、寿诞、民间医药、丧葬、交际、礼仪、服饰、饮食、居住、器用、交通、生产、职业、民间工艺、宗教、社会、娱乐、信仰、祭祀、巫卜、禁忌等。此外,该模式承载了古村落、新文化村落、新经济村落等不同阶段农村整体人文生态系统的物化与意化的认知和体验功能。西藏拉萨娘热民俗风情园、山东日照任家台民俗村、湖南怀化荆坪古文化村、新疆鸣笛坎儿井民俗园以及云南贵州各种各样、形形色色的少数民族生态村和生态博物馆等,都是采用民俗风情开发模式形成的乡村旅游景区。

4.古镇村落开发模式

古镇村落开发模式就是利用村落自身的建筑文化,聚落景观开发乡村旅游。安徽省配递宏村,江西婺源,福建客家土楼围屋,浙江兰溪诸葛村、南浔古镇和乌镇,湖南凤凰古城,山西王家大院和乔家大院等都是采用古镇村落开发模式而形成的乡村旅游景点。

依托皇城相府这一古老名镇应运而生的皇城村乡村旅游,是古镇村落开发模式的一个经典之作。在山西晋城市阳城县境内,近年崛起一些在国内外引起很大反响的以古镇村落建筑群为主的乡村旅游景区,它以城堡式的明、清两代古镇村落建筑群引起国内外游人的关注,这就是《康熙王朝》电视剧中多次出现的人物、清代大学士、康熙皇帝的老师陈廷教的故居——皇城相府。近年来,皇城相府旅游发展的速度很快。它作为旅游名牌产品,频频在大众传媒上亮相,让人们感觉到它的前进速度。在当地旅游业没有开发时,皇城相府现在的房屋建设就是皇城村的一部分。旅游开发以后,当地村民陆续撤出了相府,住进了新建的小楼里。而相府即清代宰相陈廷教家族的故居随即进行了大规模的修缮与陈列。由于皇城相府是一处城堡式的两座相连的大院落,修建过程中,对于这一古代文物、建筑物的文化内涵进行了新的挖掘与整理,然后才展示给旅游者。正因为如此,皇城村与皇城相府进行了剥离,分成两个截然不同的区域,体验着两种不同的状态和功能。皇城村与皇城相府相依傍、相互影响、相互促进、相互拉动,给了我们更多的哲学启示,人们在品味文化的同时,更多的是品尝到了精神的富有和观念的超越。

(五)提升乡村旅游管理

1. 规范乡村旅游管理机制

(1)建立乡村旅游区的基础数据管理。对于乡村旅游区的基础数据有较为清晰的了解,才能做到心中有数,才能更好地实施管理。因此,乡村旅游管理要注重搜集一定的乡村旅游区的基础数据,如气候、地形、水文、植被、土壤物理特征、生态系统类型的空间分布、各种污染的空间分布等。

(2)加强乡村旅游环境变化的指标管理。随着时间的变化,乡村旅游环境在结构和功能方面也会发生一定的变化。这种变化可细分为景观变化和环境质量变化。前者一般以水文特性的变化、植被覆盖率、生物多样性、景观破碎度,以及由此引起的旅游景观价值、生态服务功能等的变化为指标;后者则一般以环境评价因子(对水体、大气土壤、噪声等污染指标的评价)为指标。为了合理控制乡村旅游区的环境变化,避免环境的恶化,应当尽量明确上述指标。

(3)在乡村旅游管理中运用新兴的科学技术。在当今时代下,遥感、地理信息系统、全球定位系统及信息网络等科学技术已在人们的生活中越来越广泛地渗透。如果将它们很好地应用于乡村旅游管理中,必将大大改善现有的乡村旅游管理手段,促进乡村旅游的发展。

(4)加强合作管理。乡村旅游管理涉及的主体非常多,因而其也就更强调合作。在乡村旅游管理过程中,不仅需要乡村旅游者、乡村旅游经营者、当地社区居民加强合作,还需要生态学家、社会经济学家和政府人员在充分发挥自身作用的基础上达成有效的合作,以便共同促进乡村旅游的可持续发展。

(5)加强对乡村旅游市场的管理,建立有关方面参加的乡村旅游联合执法和乡村旅游服务质量监管协调机制。全面查处乡村旅游企业无证、无照和超范围经营的违法行为,定期和不定期地检查乡村旅游服务质量的改善与提高状况,协商解决改善旅游活动中的问题,维护良好的乡村旅游市场秩序。

(6)加强乡村旅游执法队伍建设,对乡村旅游执法监督人员的培训加大力度,以提高其执法的能力和监管水平。

2. 改进乡村旅游管理方法

从我国的乡村旅游管理情况来看,目前,除上海、天津等少数地区已经对全市范围内的"农家乐"进行规范,绝大多数地方还没有形成对乡村旅游的确切管理方法,从而导致我国的乡村旅游存在管理混乱的方法,在这种情况下,要提升乡村旅游管理的水平,就需要不断改进乡村旅游管理的方法,具体可从以下几方面入手:

(1)加强行政管理

行政管理主要是指依靠行政机构和领导者的权力,通过强制性的行政命令直接对管理对象发生影响力的方法。政府旅游管理部门颁布的针对乡村旅游的条例和规章制度等就属于这类方法。它的实施一般都是自上而下进行的。在使用行政方法的过程中要特别注意以下几点:

第一,要坚持民主集中制原则。在条例、法规制度制定之前,一定要听取广大乡村旅游参与者的意见,充分发挥民主的精神,使他们能够广泛参与进来。在执行的过程中,要严格按照乡村旅游管理的规章制度实施。值得注意的是,在坚持民主集中制时要注意减少传达环节,并一抓到底,下级要服从上级。

第二,层次原则。应该对不同的层级进行管理,只有分层管理,才能做到管理的高效率,如部门经理、主管都能发挥职能作用,各自管好本层次内的事。

第三,权责一致原则。每个层次的管理人员都应该在被授权之前明确自己的权责,要做到明确自己的岗位职责,杜绝一切推诿、扯皮、不负责任的现象。

(2)运用经济手段进行管理

乡村旅游本身也属于一种经济行为,因此,运用经济手段来管理乡村旅游也是科学合理的。例如,乡村旅游企业可以通过工资、奖金、分红、价格等经济手段,使员工体会到自己的价值,感受到自己是被需要的,进而调动他们的积极性。又如,乡村旅游管理部门可以通过调节乡村旅游企业向旅游者收取的服务价格等来规范乡村旅游企业的经营活动。相对于行政管理而言,经济手段是以各方的利益作为基础的,易于采用,容易执行,如果应用合理,能起到调节利益、促进乡村管理的作用,其效果也是最为明显的。但在采用经济方法的过程中要注意一个问题,那就是要公平公正,一旦出现不公现象,很容易引起被管理人员的抵触情绪。

(3) 建立健全乡村旅游政策法规

乡村旅游的政策法规可以为乡村旅游开发商、旅游者、乡村旅游管理部门依法管理提供依据。因此,要完善乡村旅游的管理方法,一个重要的内容就是要建立健全乡村旅游政策法规。

从目前的情况来看,《国务院关于促进旅游业改革发展的若干意见》《中共中央国务院关于加大改革创新力度加快农业现代化建设的若干意见》《关于进一步促进旅游投资和消费的若干意见》《国土资源部、住房和城乡建设部、国家旅游局关于支持旅游业发展用地政策的意见》《中共中央国务院关于落实发展新理念加快农业现代化实现全面小康目标的若干意见》《关于金融助推脱贫攻坚的实施意见》《关于印发乡村旅游扶贫工程行动方案的通知》《国务院关于印发"十三五"旅游业发展规划的通知》《中共中央国务院关于深入推进农业供给侧结构性改革加快培育农业农村发展新动能的若干意见》《关于印发促进乡村旅游发展提质升级行动方案(2017年)的通知》《国家旅游局办公室关于实施旅游万企万村帮扶专项行动的通知》《乡村旅游扶贫工程行动方案》《农业部部署全国休闲农业和乡村旅游示范县创建工作》《国家发展改革委、国家旅游局关于实施旅游休闲重大工程的通知》等都可以为乡村旅游的开展和管理提供政策法规支持。但是,这些政策大多是从旅游产业发展的总体情况来规范旅游产业的发展的,专门的规范乡村旅游活动的政策较少。针对于此,我国应加强对乡村旅游管理的法规政策建设,制定一系列专门针对乡村旅游管理的政策法规,以便为乡村旅游活动的有序开展提供法律依据。具体要做到以下几点:

第一,要通过制定和颁布实施专门的乡村旅游法律法规,对乡村旅游行业的开展有统一的规定和要求,以促进乡村旅游业的旅游服务质量和水平的提高。

第二,要进一步健全和完善农家乐、农家餐馆、农家采摘活动、农村生活体验等各种乡村旅游活动方面的法律法规体系,为加强旅游环节管理提供法律依据。

第三,要根据我国乡村旅游发展需要和旅游从业人员快速增加的实际,尽快制定乡村旅游从业人员管理条例等一批法律法规,切实加强对乡村旅游从业人员的管理。

(4)加强乡村旅游的宣传教育

政策法规施用于乡村旅游活动的开展过程中难免带有一定的强制性,在这种情况下,我们还应加强对乡村旅游活动的宣传教育工作,通过说服的方式来引导人们的行为动机,提高游客的精神文明程度,帮助游客以及乡村旅游企业树立正确的价值观念。要想使宣传教育起到作用,需要注意从以下两个方面着手:

第一,要注意教育方式的艺术性和科学性。对于游客或乡村旅游企业的错误行为不要一味地批评,在教育的时候要注意时间、地点、场合,教育的过程要宽严相济,应该给予他们更多的鼓励。注意教育方式在选择的时候要做到因人而异。

第二,讲究参与性。参与性主要是针对乡村旅游企业自身而言的,在企业的管理中要强调员工的参与和自治,尽量通过他们自身素质的提高来达到自己监督自己或他人的效果,并形成相互帮助、共同提高的局面。

3.提高乡村旅游服务的质量

从乡村旅游企业内部经营来说,目前,相当数量的民营资本进入乡村旅游,他们大多是从别的领域赚了钱投资到乡村旅游中,从来没有接触过旅游业,缺乏专业知识和经验,导致乡村旅游的服务质量参差不齐,在这种情况下,就需要不断提高乡村旅游的服务质量。

旅游服务是一种综合性服务,其以人为主要的服务主体和服务对象,因此,旅游服务质量是关系整个旅游服务发展的核心与关键。所谓乡村旅游服务质量,是指乡村旅游服务所能达到的规定效果和满足旅游者需求的能力与程度。而要提高乡村的旅游服务质量,不仅涉及直接提供服务的旅游服务人员,而且也涉及旅游企业和旅游目的地的政府部门和相关单位,涉及旅游目的地国家或地区的政策、法规等,为此,必须从综合全面的角度来提供旅游服务质量。

(1)树立提高乡村旅游服务质量的意识和观念

服务质量意识和观念,是指旅游服务人员的主观意识和价值观,旅游服务工作人员只有真正建立"以游客为本""游客至上"的意识和观念,端正旅游服务态度,才能全心全意地为旅游者提供优质的旅游服务。

提高乡村旅游服务质量的意识和观念,除了要有正确的服务观念和良好的服务态度外,还要求乡村旅游企业必须树立"质量第一"的观念,始终把提高旅游服务质量作为经营管理的重要内容,以优质的旅游服务满足旅游者的旅游需求,以优质的旅游服务为旅游企业和旅游目的地带来良好的经济效益与社会效益。

(2)推进乡村旅游服务质量的标准化进程

为了提高我国乡村旅游行业的服务质量和水平,切实保护广大旅游者的效益,树立中国乡村旅游在国际上的良好形象,我国在加强乡村旅游法律法规体系建设的同时,还要推进乡村旅游服务质量标准化工作。目前,我国已出台了《旅游饭店的星级划分和评定》《工农业旅游示范点评定标准》等国家标准和行业标准促进了乡村旅游行业服务质量的标准化管理。但是,全国并未形成专门针对乡村旅游服务的标准化法规,目前仅有一些试行的地方性规范制度,如《河北省乡村旅游服务规范(试行)》《浙江省乡村旅游点服务质量等级划分与评定》《贵州省乡村旅游客栈服务质量等级划分与评定》等,但相对于乡村旅游的快速发展而言,这些标准化规范显然是不够的。为此,我国应尽快制定和完善包括食、住、行、游、购、娱在内的乡村旅游服务质量标准,使之形成完善的旅游服务质量标准体系。同时,应积极引入国际《ISO9001 标准系列》等质量认证的国际标准,以促进我国乡村旅游服务质量与国际接轨,不断提高乡村旅游服务的质量和在国际旅游市场上的竞争力。

第一,进一步完善乡村旅游质量监督管理体制,充分发挥其在管理、监督和提高旅游服务质量方面的积极作用。同时,要引导乡村旅游企业建立旅游服务质量管理制度,规范乡村旅游服务质量检查制度和奖惩制度,不断提高乡村旅游企业员工的责任心,努力提高乡村旅游服务的质量和水平。

第二,进一步完善乡村旅游服务质量监管机制,通过完善乡村旅游企业质量保证金制度,建立乡村旅游交通安全的保险和理赔制度,切实维护旅游者的合法权益,促进农家乐、农家餐馆及相关行业提高服务质量,营造规范、有序的乡村旅游服务体系。

第五章 建设生态宜居的美丽乡村

随着我国农村建设的不断推进,农村经济不断增长,农村居民收入也不断提高,但经济增长只是乡村振兴战略的一个方面,打造生态宜居的乡村环境也是乡村振兴战略的一个重要内容。基于我国农村发展实际,习近平总书记指出,要结合实施农村人居环境整治三年行动计划和乡村振兴战略,进一步推广浙江好的经验做法,建设好生态宜居的美丽乡村。

第一节 生态文明建设的意义和目标

一、生态文明建设的意义

过去,我国以自然环境为代价换取经济增长,这一方面有效推动了经济社会发展,但另一方面也对自然环境造成了严重破坏。为了转变不可持续的发展方式,我国提出了生态文明建设这一新课题。加强生态文明建设,树立尊重自然、顺应自然、保护自然的生态文明理念,实现绿色、低碳、循环发展,对于全面贯彻落实科学发展观,从根本上解决经济社会发展与生态环境之间的矛盾,加快建设美丽中国,实现民族复兴"中国梦",具有重大而深远的意义。

从本质上而言,坚持科学发展观与建设生态文明具有显著的一致性。贯彻科学发展观和建设生态文明有一个共同的出发点,即尊重和维护生态环境,强调构建和谐的发展关系,也就是实现人与人、人与社会、人与自然的和谐统一发展,因为只有这样才能实现可持续发展的目标。这就要求我们,不论是坚持贯彻科学发展观,还是推进生态文明建设,都必须遵循生产发展、生活富裕、生态良好的基本原则,将人的全面自由发展作为建设和发展的最终目标。从各国的历史实践中可以看出,生态文明是社会发展的基础,是社会生产力得到长足发展的关键,是实现人的全面发展的基本前提。基于此,我国在社会转型的关键时期,必须大力推进生态文明建设,要建设资源节约型、环境保护型社会,构建人与人、人与社会、人与自然之间的和谐关系,只有这样才能真正实现社会的可持续发展,才能造福全人类。

科学发展观倡导协调可持续的发展方式,在推进经济社会发展的过程中,应该遵循以人为本、全面协调可持续、统筹兼顾等理念,围绕科学先进的发展理念,推进社会经济发展与自然生态保护的协调发展,强调在社会经济的发展中努力实现人与自然之间的和谐。贯彻落实科学发展观,就必须将维护生态安全、保护自然环境作为基本要素,将实现可持续发展作为一项重要目标,具体来说,其强调的本质是人类社会与自然环境的和谐共处,实现真正意义上的人与自然、社会的共同发展。坚持和贯彻科学发展观,就是将"以人为本"作为准则,建设和维护生态文明,为人们提供良好的生存环境,并对其进行持续不断的优化。

坚持生态文明建设是全面建成小康社会的重要内容和关键环节,是让人民群众过上幸福生活并满足子孙后代发展需要的重要基础,是我国当前重要的建设目标。

生态文明建设实际上是实现中国梦的重要基础,推动生态文明建设会促进经济、社会、民族等各个方面的发展,会为人们带来更美好的生活。生态文明建设是实现"中国梦"的重要条件,同时也是其重要内容。未来的中国,应该既是经济发达、政治民主、文化先进、社会和谐的社会,也是生态环境良好的社会。

二、生态文明建设的目标

生态文明建设直接关系社会成员的生活,与人民福祉、民族未来有不可分割的必然联系。我们党充分认识到生态文明建设的重要性,基于我国实际发展情况和人民需要,作出了科学的战略部署,并明确指出必须将生态文明建设放在各项建设工作中的突出地位。融入经济建设、政治建设、文化建设、社会建设各方面和全过程,努力建设美丽中国。要求紧紧围绕建设美丽中国深化生态文明体制改革,加快建立生态文明制度,健全国土空间开发、资源节约利用、生态环境保护的体制机制,推动形成人与自然和谐发展的现代化建设新格局。国家生态文明先行示范区提出的总体目标要求:把生态文明建设放在突出的战略地位,按照"五位一体"总布局要求,推动生态文明建设与经济、政治、文化、社会建设紧密结合、高度融合,以推动绿色、循环、低碳发展为基本途径,以体制机制创新激发内生动力,以培育弘扬生态文化提供有力支撑,结合自身定位推进新型工业化、新型城镇化和农业现代化,调整优化空间布局,全面促进资源节约,加大自然生态系统和环境保护力度,加快建立系统完整的生态文明制度体系,形成节约资源和保护环境的空间格局、产业结构、生产方式、生活方式,提高发展的质量和效益,促进生态文明建设水平明显提升。通过5年左右的努力,先行示范地区基本形成符合主体功能定位的开发格局,资源循环利用体系初步建立,节能减排和碳强度指标下降幅度超过上级政府下达的约束性指标,资源产出率、单位建设用地生产总值、万元工业增加值用水量、农业灌溉水有效利用系数、城镇(乡)生活污水处理率、生活垃圾无害化处理率等处于全国或本省(市)前列,城镇供水水源地全面达标,森林、草原、湖泊、湿地等面积逐步增加、质量逐步提高,水土流失和沙化、荒漠化、石漠化土地面积明显减少,耕地质量稳步提高,物种得到有效保护,覆盖全社会的生态文化体系基本建立,绿色生活方式普遍推行。最严格的耕地保护制度、水资源管理制度、环境保护制度得到有效落实,生态文明制度建设取得重大突破,形成可复制、可推广的生态文明建设典型模式。

第二节 农村的生态环境现状

一、农村生活污染问题

随着农村经济发展水平不断提升,农村居民的生活质量显著提升,但同时这也带来了新的问题,其中一个显著问题就是农村生活污染治理问题,这包括农村生活垃圾和生活污水两个方面。

首先是农村生活垃圾处理问题。据相关统计显示,农村居民平均每人每天产生生活垃圾 0.8 千克,中国每年产生农村生活垃圾超过 1.7 亿吨。虽然一些乡镇初步形成了"户集、村收、镇运、县处理"的垃圾收运处理体系,但仍有不少村庄存在"垃圾围村"的情况,大量生产和生活垃圾存放于村头、公路边、田边以及沟渠里,影响了村容村貌和乡村整体环境。

其次是农村生活污水处理问题。现实农村居民生活用水未经净化处理而无序排放,造成了农村河道水体变黑变臭、鱼虾绝迹、蚊蝇滋生。河道污水中的病菌虫卵引起的传染疾病,已经成为农村环境的重要污染源。可以看出,农村生活污水处理是一个亟须解决的问题,我们必须进一步加强农村污水处理能力和水平。

当前,我国存在农村环境保护基础设施建设的滞后、管护机制的不健全的问题,这也是当前农村生活垃圾和生活污水处理率偏低的重要原因,亟须进一步加大农村基础设施的投入力度,依托科技提高农村生活污染的处理水平,为绿水青山的实现添砖加瓦。

二、土壤污染问题

当前,我国农村面临十分严重的土壤污染问题,这主要表现为土壤重金属超标、土壤有机质含量下降以及酸碱性趋势加剧。污染或超标耕地集中连片分布在中国南方地区,主要分布在南方的湘鄂皖赣区、闽粤琼区和西南区。此外,造成土壤重金属污染的原因十分复杂,导致土壤重金属污染的种类以镉、镍、砷等有毒元素复合污染为特征,复合污染态势十分明显,许多污染区域的土壤中重金属污染源在 1 个以上。中国北方碱性地区土壤 pH 值呈现上升趋势,主要原因是气候变化、地下水开采、水土流失等多种因素,尤其是西北区、东北地区的西部和京津冀鲁等地区土壤碱化趋势增幅明显。南方地区由于酸雨沉降、化肥施用等因素,土壤 pH 值呈现下降趋势。尤其是重金属污染严重的湘江流域、珠江三角洲等粮食高产区,酸化程度较为严重。

三、农业面源污染问题

面源污染又称非点源污染,主要由土壤泥沙颗粒、氮磷等营养物质、农药、各种大气颗粒物等组成,通过地表径流、土壤侵蚀、农田排水等方式进入水、土壤或大气环境。因为在农业生产过程中会使用大量化肥、农药等,导致我国农业面临比较严重的面源污染问题,此外,畜禽养殖粪便排放也加剧了这一问题。具体来说,当前化肥使用现状不合理,主要包括以下四个方面:一是化肥亩均施用量偏高。。二是施肥不均衡现象突出。东部经济发达地区、长江下游地区和城市郊区施肥量偏高,蔬菜、果树等附加值较高的经济园艺作物过量施肥比较普遍。三是有机肥资源利用率低。目前,中国有机肥资源很多,最主要的是畜禽粪尿与作物秸秆,同时还有绿肥、饼粕、草木灰、污泥、生活垃圾与污水、熏土、海肥、农产品加工下脚料等,总养分约7 000万吨,但并没有得到充分利用。四是施肥结构不平衡。化肥与有机肥的施用比例仍存在着较大差异,农业生产中普遍存在着重化肥、轻有机肥,重大量元素肥料、轻中微量元素肥料,重氮肥、轻磷钾肥的问题。此外,农药的过量使用不仅造成生产成本增加,影响农产品质量安全和生态环境安全,也是造成农业面源污染的重要原因。这一方面表现在农药使用强度大幅上升,另一方面表现在农药使用结构不合理,杀虫剂、杀菌剂、除草剂三大农药使用结构比例与国际平均水平相比,中国杀虫剂的使用量偏高,农药使用结构比例亟待改进。

四、农村厕所粪污问题

在传统农村,厕所一般都十分简陋,卫生环境堪忧。根据国家旅游局发布的《厕所革命推进报告》,农村地区传染病高发的一个重要原因就是农村厕所粪便污染严重。具体来说,痢疾、霍乱、肝炎、感染性腹泻等传染病都与农村厕所粪便有关。实现农村厕所改造,推行农村厕所革命迫在眉睫。我国农村厕所改造是一项大工程,这需要数额巨大的资金支持,因此,政府必须给予一定财政扶持,单靠农村自身进行改造十分困难。

第三节 国外生态乡村建设实践经验

一、日本的生态乡村建设实践

20世纪50年代,日本开始推行"造村运动",从此逐步展开相应建设和改革活动。"造村运动"的出发点是以振兴产业为手段促进地方经济发展,使逐步衰败的农村振兴起来。随着"造村运动"的发展,其内容扩及整个生活层面,包括景观与环境的改善、历史建筑的保存、基础设施的建设、健康和福利事业的发展等,运动的地域也由农村扩大到城市,成了全民运动。

(一)重视建设规划和相关理论研究

日本在开展"造村运动"时始终将规划工作作为一个重点,尤其重视综合性的国土规划,强调以科学规划为主线开展建设和改革工作。通过四次国土综合整治规划,日本政府引导各部门把钱都投在农村小城镇,扶持农业,促进农村地区的发展。同时,日本政府非常重视理论研究。如为防止人口外流,平松守彦提出了"磁场理论"——如果强磁场与弱磁场之间放一块铁板,铁板自然会被强磁场吸引。为了促进各地区均衡发展,需要把农村建成不亚于城市的强磁场,把青年人牢牢吸引在本地区。磁场的吸引力在于产业,必须立足本地区条件,发展具有地方特色的产业。政府通过地方产业的发展来防止农村人口外流,而不是靠行政手段限制人口的流动,这极大地调动了农民的积极性。

(二)建立健全农村环境问题防治的法律体系

20世纪50年代,日本在工业化发展进程中实现了快速发展,但与此同时这也为农业发展带来了一些新问题。化肥和农药的大量使用,一方面实现了农产品的大幅度增产,但另一方面也导致了环境污染问题的出现,即农药残留、农产品品质降低、水质恶化等问题相继出现,环境污染日益严重,农村的可持续发展面临严重危机;20世纪80年代可持续发展理论被提出后,日本及时制定了一系列农村环境保护的法律政策。为了解决环境污染日益严重的问题,70年代日本开始了环境保护运动,相继出台了《废弃物处理法》《环境基本法》《资源有效利用促进法》《推进循环型社会形成基本法》《农药取缔法》《土壤污染防止法》等法律法规,将环境保护作为社会发展的前提,提倡发展循环型农业,有效地发挥农业所具有的物质循环功能,使农业生产和环境保护相协调。有机农业、生态农业、减农药和减化肥农业在日本全国逐步实施。2003年,日本厚生劳动省医药局和农林水产省生产局颁布实施了《农药危害防止运动实施纲要》,进一步加强对农药的审定、生产保管及使用的监察与管理,普及农药知识、指导农民正确使用农药。2003年出台了《农药残留规则》《农地管理法》,2004年的食品、农业、农村政策审议会对农业新基本法的基本计划进行修改,将农业环境、资源保全政策与经营安定对策、核心经营者与农地制度改革问题作为主要议题。2005年颁布了新的《食物、农业、农村基本计划》和《农业环境规范》,提出了全面实施环境保全型农业的政策,并将此作为享受政府补贴、政策性贷款等各项支持措施的必要条件。2006年出台了《关于推进有机农业的法规》,2007年制定了《关于有机农业推进的基本方针》。

(三)重视技术创新与推广

日本在推进社会发展的过程中十分重视技术革新,这体现在各个领域,当然也体现在农业领域,工业现代化水平高为其农业发展提供了有力的技术保障。为促进农业发展,日本积极研究和推广先进的农业生产技术。例如,积极发展生物工程技术,不断通过生物技术改良农作物品种,使新品种的农作物更适应高效化肥。同时,广泛采用小型农用机械化土地进行精耕细作,有效改善了农作物的生长环境和条件,大幅提高了农作物的单位面积产量。总之,在生物、化学等科技进步的带动下,在小型农用机械对土地精耕细作下,日本农业走上了现代化道路,为农业资源禀赋先天不足的国家树立了农业现代化的典范。

(四)重视农业农村的基础设施和公共服务建设

日本政府认识到推动农业农村发展需要充足的资金支持,因此早在20世纪30年代就建立了补助金农政,以此提供更好的财政支撑。所谓补助金农政是指日本政府把推行农业政策所必需的经费(人员经费、材料费、补助费、补助金、委托费等)列入财政预算,交付给执行政策的地方公共团体、法人、个人或者其他团体,以求农业政策的落实。补助金农政包括两个部分的内容,一是无偿的财政性投入,二是有偿的政策性融资。无法回收的项目投入靠财政,能够回收的靠政策性金融。所谓政策性金融,是指由政府出资组建的金融机构,向政府希望发展但在商业性金融市场上难以筹集资金的产业部门融资。政策性金融与普通商业性金融的不同之处主要体现在两点上,一是融资期限比较长,可达20年甚至是30年以上;二是利息低,其利差由财政补贴。在日本第二次新农村建设期间,日本政府加大了补助金农政的实施力度,指定3 100个市町村推进农村基本建设和经营现代化建设,约占当时日本市町村总数的80%。每个市町村除政府补贴9 000万日元外,还由国家农业金融机构贷款2 000万日元。在"造村运动"期间,日本政府也没有减少对农业的财政投入,除直接进行农产品价格补贴外,还建立了农产品价格风险基金,农民和政府各出资30%和70%,由农林水产省负责管理,当农产品供过于求导致市场价格下降时,基金会大量收购以消化过剩部分,促使农产品价格回升,保护农民利益;当农产品供不应求导致价格上升时,基金会则卖出储备的农产品,促使价格回落。同时,投入巨资加大农村基础设施尤其是农田水利设施建设,从而为农业经营者创造良好的投资环境。

(五)培育和发展农民组织

日本政府在实践探索中认识到农民组织在农业发展和农村建设中的重要性,建立了完善的农协组织,由基层农协、县经济联合会和一个中央联合会三级农协组成了完备的流通服务网络,覆盖了日本整个农村。它们利用联合的力量,为农民提供及时、周到、高效的服务,成为集农业、农村、农户三类组织三位一体的综合社区组织,日本有80%以上的农副产品是通过农协销售的,90%以上的农业生产资料是由农协提供的。农协组织的建立,为保证农民利益,提高农业发展效率、应对市场风险提供了有力的保障。

(六)推进环境保全型农业改革和发展

在现代农业发展的早期阶段,日本将重点放在提高土地生产力方面,因此大量使用化肥、农药提高农作物产量,但是忽略了生态环境保护和农产品安全等一系列问题。面对来自资源、环境的压力,日本于20世纪90年代初提出发展"环境保全型农业",开始了现代农业发展新模式的探索,至今仍在继续。日本在1992年制定的《新的食品、农业、农村政策方向》中首次提出"环境保全型农业"的概念,并将其作为农政改革的新目标。环境保全型农业是指灵活运用农业所具有的物质循环功能,通过精心耕作,合理使用化肥、农药等,发展环境负荷量小的可持续型农业。政策所关注的对象不仅仅是农业,还有食品、农业、农村,发展目标也由单纯追求规模扩大和效率提高转变为重视农业的多功能性和自然循环功能的维持与促进,农业价值观发生了根本变化。政府专门设置了环境保全型农业对策室,负责环境保全型农业的推广。日本推进环境保全型农业发展的主要法规有:《持续农业法》《家畜排泄物法》《肥料管理法(修订)》《有机农业法》《有机JAS标准》《特别栽培农产品的表示》《生态农户的表示》等。推进环境保全型农业发展的主要技术措施有:土壤复壮技术、化肥减量技术、化学农药减量技术等。我国应该吸取日本环境保全型农业发展实践的经验,在探索具有可持续性的现代农业的发展过程中,应坚持立法先行、依法推行、上下结合、共同推进、权威认证、制度保障、关键因素、土地为主的原则。

(七)重视民族特色和区域特色产业的发展

日本政府推动农业发展和农村建设的过程中,认识到区域特色和民族特色产业的重要性。产品越具有民族性,其国际价值就越高,也越能受到国际上的肯定。日本非常重视地方特色产品的开发,立足乡土,放眼世界,积极瞄准国际市场,通过打造具有区域特色的品牌产品,提高品牌知名度,获得了极大的成功。

二、以色列的生态乡村建设实践

以色列位处地中海东岸,是一个国土面积很小的国家。以色列的人口密度,土地类型、降水情况决定了其发展农业存在较大困难。在水资源和耕地资源都十分短缺的背景下,以色列能够在农业发展和农村建设方面取得一定成绩,主要原因包括以下几个方面:

(一)制定并执行严格的用水管理制度

以色列深知本国水资源短缺的实际情况,因此,自建国起就十分重视水资源的管理,并制定了严格的法律制度规范水资源的使用和管理。以色列在1955年颁布了《水法》《水井控制法》《量水法》,对于水资源的开采、运输和使用都做了精细的规定。以色列还建立了水利委员会,专门负责水资源管理。水利委员会的理事会成员中三分之一来自政府,其余的三分之二来自各行各业。为了具体管理水资源,以色列还设立了以色列国家水务集团,这个公司负责全国70%水资源的开采、运输和使用,任何人取水都必须得到该公司的许可。

以色列有法律明确规定,国家持有本国的土地所有权,农民集体组织持有土地使用权。大致上可以将以色列的农民集体组织分为两类:一类是吉布辞,规模相对较大;一类是莫沙夫,规模相对较小。无论是吉布辞还是莫沙夫,政府在他们购置农业机械时都给予补贴,用水给予优惠。

以色列明确规定水资源的价格,制定并实施"定额用水,超额提价"的政策,为不同领域的用水确定正常使用的定额,然后制定定额以内的用水价格和超出定额之外的用水价格。对于居民生活用水,定额以内的水价是0.7~1.0美元/立方米,而超过定额之外的水价是1.6美元/立方米。对于工业用水,定额以内的水价是0.2美元/立方米,而超过定额之外的水价是0.4~0.6美元/立方米。对于农业用水,定额以内的水价是0.1~0.14美元/立方米,而超过定额之外的水价是0.26~0.5美元/立方米

(二)扩展水资源获取渠道

水资源总量短缺严重限制以色列的农业农村发展,导致其农业农村难以保持持续稳定发展。按照相关统计预测,2020年,以色列需要农业用水14.4亿立方米,而正常可用的水资源只有3.6亿立方米。以色列将微咸水和处理后的污水用于农业生产,使得用于农业的水资源总量逐步增长。

水资源匮乏是以色列农业发展面临的难题,而这在南部沙漠地区更为严重,如果仅依靠稀缺的淡水资源发展农业则十分困难,因此,以色列通过开采利用微咸水

扩展其水资源获取渠道,充分利用其较为丰沛的咸水资源。以色列通过在沙漠地区挖掘深井开采了1千米以下的咸水,其含盐量约为每升4.0克,然后加工成可以用于农业灌溉的微咸水。而在使用时,微咸水与淡水搭配使用,根据农作物的特性和生长期来确定微咸水与淡水的比例,一些农作物,如西红柿,已经证实在微咸水的灌溉下品质更佳。

实际上,以色列利用污水的历史并不长,但当前以色列已经被认为是在废水处理(再生水)再利用方面的全球领跑者。2012年,该地区污水处理厂被联合国定为全球模式。随着社会经济的发展,污水量不断增长,将处理后的污水用于农业生产,既有利于环境保护,又有利于农业发展。以色列处理了全国80%的污水,特拉维夫市区的污水全部得到处理和再利用,处理后的水用作农业和公共工程灌溉用水。污水处理后剩下的污泥被注入地中海。现在,对于污泥的处理有一项新的法案已获通过。法案要求,要将污泥转化为肥料,不得随意抛弃。循环使用的再生水使农民能够提前规划生产,而不受水资源短缺的限制。

(三)重视先进农业技术的开发与使用

以色列为了节约水资源,最初使用从美国引进的喷灌技术进行农业生产。美国喷灌技术的核心是将水通过管道运输至农作物的附近,然后喷至农作物的叶面上,从而避免了将水浪费在没有农作物的土地和植物不吸收水分的区域。一般来说,这种灌溉技术可以节省用水40%以上。

但经过实践发现,以色列的实际农业条件并不是很适合采用美国的喷灌技术,这种技术并不能帮助其最大程度的节约水资源,因此,被誉为"以色列水源之父"的工程师布拉斯提出了滴灌的思路,这种技术的核心是水通过管道运输至农作物的根部,从而减少了土壤蒸发所浪费的水分。

基于微灌技术的推广和普及应用,以色列又以此为基础发明了渗灌技术,相较于之前的微灌技术,这一新技术的核心是将输水管道埋至地表以下30至40厘米,从而更有效地减少了土壤蒸发等原因造成的水分损失。

以色列的农业部下设农业研究组织(ARO)来研究相关的农业技术,这个农业研究组织位于特拉维夫市附近的贝特达甘,包括大田和园艺作物研究所(主要研究大田作物、蔬菜和花卉等)、土壤、水和环境科学研究所(主要研究灌溉、施肥等技术)、植物保护研究所(主要研究植物的病虫害)、采后技术研究所(主要研究农产品的储存和保鲜)、农机研究所(主要研究农业机械,以提高效益,节省人力)。此外,以色列的农业部还下设农业技术推广服务总站,在农业技术推广服务总站任职的科学家和推广人员不仅定期地走访农户,在"报告日"上向农户介绍最新的农业技术,还开展田间试验,示范农业技术。

以色列通过研究和实践,不断完善其滴灌技术,做到了全球范围内的行业领先。首先,它由电脑控制,依据传感器传回的土壤数据,决定滴灌设施何时浇水、浇水用量等,绝不允许浪费每一滴水的同时保证农作物生长的需求。其次,为防止作物的根系生长堵塞喷嘴,喷洞周围精准涂抹专门的药剂,以抑制周边一个极细微范围内的根系生产。再次,为防止不喷水时土壤自然陷落堵塞喷嘴,需要在喷水系统中平衡布置一个充气系统,灌溉完毕后则马上充气防堵。最后,以色列滴水灌溉所用水基本为回收水,为防止回收水中较多杂质堵塞喷嘴,事先需要在回流罐中施用环保的物理方法沉淀杂质,并在管线中安装第二道过滤阀门。

第四节 建设美丽乡村的规划

一、建设美丽乡村,进行合理的空间规划

(一)美丽乡村空间规划的要求

近年来,随着社会进步和经济增长,农村居民的生活水平不断提高,在这样的背景下,农村居民对生活居住、生产工作、游憩休闲等环境的追求也日益增长。因此,对于乡村空间,要做到科学合理的规划引导,让村民确实享受到社会经济发展带来的成果,让农村成为安居乐业的美丽家园。

1.提供安全可靠的乡村基础设施

随着我国建设重点逐渐向农村倾斜,幸存基础设施建设力度不断增强,近年

来,我国农村的人居环境得到显著改善,与之相应的基本社会服务也持续向农村地区延伸,很多农村地区已经实现了基础设施和社会服务的全覆盖。到2016年年末,几乎所有乡镇都建有现代的交通和能源通信等基础设施,其中部分基础设施正在提档升级,所有乡镇人居环境均有明显改善,乡镇公路基本实现"镇镇通"。农村交通条件改善,基本实现与外界互联互通,农民出行更加便捷,这些为乡村振兴奠定了重要物质基础。通过多年的农村电网改造,几乎所有农村都通上了电。2016年末,通宽带互联网的村占比约九成,东部、西部和东北地区农村通宽带互联网的村占比都超过九成,即便是西部地区通宽带互联网的村占比也近八成。

但不能否认的是,当前,我国农村基础设施和服务与城市相比还存在较大差距,也不能完全满足农村居民对美好生活的期望,整体上看,我国乡村有些基础设施仍然十分薄弱,区域间差距仍然较大,仍然是全面建成小康社会和新时代社会主义现代化的突出短板。生活污水集中处理覆盖的村还比较少,虽然近年来乡村旅游和农家乐等新产业新业态迅猛发展,但开展旅游接待服务的村占比仅有约5%,餐馆有营业执照的村占比仅有约30%。宽带互联网等农村基础设施和生活垃圾集中处理等乡村基本社会服务在区域间还存在明显的差距。

当前,我国大力推行乡村振兴战略,农村环境整治是其重要内容之一,而垃圾、水体治理和村容村貌提升又是农村环境整治的主攻方向之一。展望未来10年,需要优先打造城乡一体和相互融合的基础设施和社会基本服务格局,基本消除农村地区间基础设施的差距,使乡村更加生态,更加美丽宜居。

2.构建清晰科学的经济空间体系

传统乡村的生存和发展依靠农业,农产品种植、家禽家畜养殖是农村的主要经济活动。一般而言,村庄外围多为耕地菜地、养殖水塘等空间,同时,家家户户的住宅还附带猪圈牛棚鸡窝等家禽家畜的养殖设施,构成自给自足的生活模式。

为了实现经济快速增长,我国在很长一段时间内将建设重点放在城市,这就导致对农村的关注及投入相对欠缺,再加上农村地区受本身地域广、人口素质低等因素的限制,大部分农村的经济发展异常缓慢。改革开放初期,我国开始实行了家庭联产承包责任制,导致了现在农村的整体经济格局仍以分散的小农经济为主,农民的劳作仍处于整个社会生产链条的最低端,缺乏附加值。

当前,农业农村改革和发展已经成为我国的一个建设重点,基于习近平总书记提出的乡村振兴战略,中共中央国务院颁布了《关于实施乡村振兴战略的意见》,文件明确提出:乡村经济要多元化发展,要培育一批家庭工场、手工作坊、乡村车间,鼓励在乡村地区兴办环境友好型企业,实现乡村经济多元化,提供更多就业岗位,满足村民就地工作需要。

市场经济制度与计划经济制度有本质区别,处于市场经济环境下的农业农村发展,必须保证生产要素遵循普遍的经济规律和效率首选的原则;打破地域和所有制界线,投奔效率和效益更高的地域和产业,自主追求资源的优化配置;开放的农村,已经打破过去社区性集体经济组织一统天下的局面,存在着多种经济组织;乡村经济实体之间的联合与合作、外来生产要素的涌进,将使过去固有的以村集体经济组织为主体的经管体制快速分化、异化。

3.打造适宜生活和工作的聚落空间

改革开放推动我国社会、经济、文化等各个方面的高速发展,农村经济也在这个过程中获得了长足发展。随着经济发展和人口的增长,乡村各项建设的规模也不断扩大,尤其是住宅建设的规模增长巨大,这种增长规模超过了历史上任何时期。大部分村庄在一定程度上向外扩张了一定的规模,同时,村庄内部也发生着解体和重构。随着越来越多的农村劳动力进城务工,享受到现代化的城市生活环境,农民回归农村后,其对美好生活的追求并没有消失,越来越多的现代化家具家电等进入农家。

农村居民以村庄为主要聚集区,这一聚集区包含了区域内的民宅、聚落及周围环境等。相较于城市住宅,农村民宅具有独特的功能特点,城市住宅属于消费性的商品,是住户通过商业手段(大部分是购买形式)得到用于居住的场所,而农村住宅则具有居住与劳作的双重属性。首先,农民在得到住宅的途径上,往往是自己参与建设的全过程;其次,从功能上讲,农村住宅不仅要满足包括起居饮食在内的生活居住功能,同时,也为农民的生产经营提供便利,因而农宅往往具有较大的储藏空间、家务院、晒台等配套空间;最后,从生活的方式上讲,由于农村的经济水平有限,社会提供的各类综合服务不完善,如村民需自家或多家配置水井以满足生活用水的需要。当前,随着部分农村经济水平向城市接近,随着村镇的城市化和农民生活方式的改变,一部分农宅开始向消费型过渡,这些现象在城市近郊区比较突出。

因此,必须围绕乡村的自身特点进行乡村规划,以此为基础才可以设计出符合农民生活生产要求的建筑,营造宜居宜业的空间,同时,要考虑房屋建造的经济性、非商业性和可变性。

对于农村居民而言,民宅建造是一项十分耗费财力的工程,他们需要承担巨大的经济负担,农村住宅的造价水平直接依赖于农民个体家庭的经济收入情况。尽管近年来农村经济有了飞速发展,但由于起点低,低造价依然是农宅建造的一个广泛前提。面积、材料、工艺都要受到造价的约束。

农村民宅和城市住宅所处的环境不同,住房政策也有所区别,其具有十分显著的非商业性。农村宅基地是作为一项国家福利,由政府批给村民的,而土地使用权的转让一般只允许在本村的小范围内进行。由此,农民通常会自己动手建房,雇用少量本地的劳力,基本上全程参与到住宅的建设过程中。住宅建成后为农民自用,很少出现转卖现象;随着一户一宅等政策的实施,农村住宅买卖现象将更少发生。

一般情况下,农村居民会在民宅建成后长久居住,其家庭成员会在未来的十几年甚至几十年都生活在该民宅内,所以,农村民宅必须具有足够的可变性来适应家庭结构的变化,农宅通常运用最单纯的空间结构来适应不同的使用。

4. 构建并完善农村服务设施

近年来,我国大力推进农村基础服务设施建设,但从整体上看仍与城市的服务设施建设差距较大,无法满足农村居民最基本的服务需求。根据相关部门的调查显示,当前农村居民最关心、最需要的基本公共服务,包括基本医疗卫生、义务教育、公共基础设施、最低生活保障、农技支持、就业服务、生态环境保护、社会治安、金融支持等,其中对公共基本医疗卫生、义务教育最为关注。农民自身的诉求也非常强烈,大量调研结果表明,村镇公共服务设施亟待改善,在部分村庄,对公共服务设施的需求大大超出了对给排水、采暖等基础设施的需求。

相较于城市的公共服务设施,乡村在数量和质量方面都存在较大差距,严重滞后于社会经济发展水平及村民的实际需要。许多公共服务设施在部分农村地区相当缺乏,一些偏远的村庄甚至根本没有设置基本的、必要的公共服务设施,部分村庄内的公共服务设施用地、用房等得不到落实,存在租用民宅或和其他设施混用的现象,这些都给村民的生活造成很多不便。

随着村民素质及意识等各方面的提高,对公共服务设施的需求和渴望程度也逐步提高,普遍希望享受到和城市居民一样完善便利的公共服务设施。

5. 提高社会组织的服务质量和效率

我国农村在工业化和城镇化不断推进的背景下进一步深化改革,国家层面制定并实施了各项支农、惠农政策,并且还在不断扩充政策涵盖,可以看出,近年来,我国农村社会发展水平及服务水平不断提高。同时,由于农村社会结构、农业经营体系以及农民思想观念等的变化,对乡村治理及社会服务提出了更高的要求。乡村社会组织的高效服务能力,对于确保农村社会和谐稳定、农民群众安居乐业、城乡协调发展具有重要的意义。

传统农村处于相对封闭的空间中,与外界的交流很少,而在城乡一体化不断推进的背景下,打破这种封闭的农村社会格局成为必然选择和必然结果,只有这样才能实现城乡人口流动速度加快,才能推动农村的生活生产方式、农民的思想价值观念逐步转变,才能推进农民产生并增强其法治意识,这同时也催生了利益需求日益多元化,各种利益诉求不断出现。

为此,各级政府及社会阶层需要从群众的切身利益出发,通过构建预防和化解社会矛盾的体系,积极拓展农民利益表达渠道,积极提升农村社会治理服务水平,推进农村社会治理主体多元化,在强化党组织和政府自身建设的同时发挥社会组织的协同作用、提高农民社会治理组织化的程度,使各种社会服务能够高效地提供。

6. 构建绿色和谐的生态空间

乡村振兴的根本目的是满足广大农民对美好幸福生活的愿望,推动农业农村的全面协调发展。良好生态环境是农村的最大优势和宝贵财富。农业农村生态环境保护是新时代生态环境保护的重要内容,我国农业发展不仅要杜绝生态环境欠新账,而且要逐步还旧账,通过打好农业面源污染治理攻坚战,推进农业绿色发展,建设绿色自然的乡村生态空间。

生态环境与农村居民的日常工作和生活具有紧密联系,实现乡村振兴的一个重要前提就是创建良好的生态环境,本身乡村的基础设施及公共服务就落后于城市,如果其生态环境也堪忧,那么将难以留住村民、吸引人才,如果人口大量进城,尤其是青壮年外出务工并定居城市,乡村的建设、管理等各项事业也就无从谈起,乡村振兴也只能是一句空话。而青山绿水得以保留,生态环境宜人,同时,产业兴旺,能够为村民提供丰富的就业岗位或渠道,必将吸引人才回归,共创美好乡村,实现乡村振兴。

7. 创设功能复合多元的公共空间

城市的公共空间主要是指公园、广场等场所,而乡村的公共空间具有更多面的功能,可以说这是一个社会的有机整体,农村居民会在这个公共空间内从事农业生产活动、休闲娱乐活动和集会活动等,可以看出,乡村公共空间的功能更为复合多元。

乡村公共空间一般为人们可以自由进入并进行各种思想交流的公共场所。例如,位于村庄中的寺庙、戏台、祠堂、集市等场所能够满足村民组织集会、红白喜事等活动。

虽然乡村公共空间本身就具有功能复合性,但这种复合化程度会随着社会和农村的发展而进一步增强。从乡村公共空间的发展历史及现代化的使用要求来看,主要有乡村信仰、乡村生活、乡村娱乐、乡村政治等方面的使用要求。

乡村信仰公共空间通常是指农村居民从事祖先祭拜、民间信仰、宗教信仰等活动的空间及场所,如祠堂、寺庙、教堂等。尤其是那些家族聚集的乡村地区,祠堂是从事信仰活动的主要场所,主要涉及孝道、传宗接代等伦理道德文化,对于规范代际关系、凝聚宗族力量具有重要作用。不仅如此,祠堂还具有团结宗亲、维系社会秩序的实际功能,在调解村民纠纷、救济贫困、维护社会治安、邻里生产互助等方面发挥着重要作用。另外,民间信仰活动是一种具有地域性、自发性、草根性的非制度化信仰,一般指植根于乡村的传统文化经过历史长河积淀并延续至今的有关鬼神、英雄、历史人物的信奉,主要信仰空间有土地庙、关公庙、观音庙、山神庙、龙王庙、财神庙等场所。这些空间以及以此开展的相关活动潜移默化、润物无声地影响着农民的道德伦理、行为规范。

农村居民不论是在日常生活中还是在学习工作中,都会产生一定交往、表达、参与及分享的需要,因此就会形成一定公共空间满足他们这些需要,村民可以在这个平台空间上进行相互交流、沟通感情。农民在闲暇时间一起在村头、树下、河边、商店门口等公共场所聊天,聊天的话题无所不有,大至国际风云、国家大事,小至村子里哪家媳妇不孝顺、邻居吵架,都会成为农民嘴边津津乐道的趣事。另外,公共空间是婚丧嫁娶、生老病死、建房、考上大学、过寿等人情事件过程中发生的各种仪式、举办酒席、礼物交换的空间载体。

科学技术的创新发展为农业农村发展带来福利,农业生产率和农村生产力水平得到显著提高,农村居民的生活质量也有了大幅提升,相较于从前,农村居民拥有了更多的个人闲暇时间,他们需要更多的精神享受和文化娱乐。公共空间可以为农民提供文化需要,在没有增加农民货币支出的情况下增加农民的幸福快乐,是一种"低消费、高福利"的文化生活方式。娱乐性文化活动为农民在农忙之余提供了相互交往、相互联系的公共空间,娱乐的同时也成为农民的一种健康文化生活方式,能够为其提供生活意义和乡土尊严。

8.继承和发展乡村本土文化

文化产生于各种环境中,产生于乡村这一特殊环境下的便是乡村本土文化,农村居民是这种文化的主体,这些文化随着农村发展而发展,在这个过程中影响着广大农民。乡村文化是指与当地的生产生活方式紧密关联在一起,并且能够适应本地区村民的物质和精神方面需要的文化。我国的乡村文化是建立在传统农耕经济基础之上的农业文化形态,广大农民是乡村文化的主体,他们在长期的生活实践中创造并不断发展着乡村文化。另外,农民特定的生活方式是对乡村文化产生影响的最大元素,农村现有的生产力发展水平和生产关系特点使乡村文化深受影响;还有就是,农村承担着乡村文化传播和发展的重任,是乡村文化的载体和依托。

建设新型乡村文化,实际上就是促使传统乡村文化转变为现代乡村文化,体现为乡村文化现代化的过程,这意味着数亿农民生存方式和价值观念的根本性变革,意味着乡村文化主体的农民形象的再塑造。

改革开放以来的新农村建设视域中的乡村文化建设,是在广大农村建设和谐、生态、文明、科学、现代的乡村文化和乡村文化状态,以满足广大农民多样化的文化需求和保障农民的文化利益,缔造新的乡村精神和乡村理想。其中既包含乡村生产生活方式的现代化、农民观念和乡村精神的重塑,也包含乡村文化机制获得创新与多元发展,以及乡村文化活力的激发和乡村文化生态的改善等。

(二) 美丽乡村空间规划的基本模式

1. 散点状村庄空间规划模式

散点状村庄具有数量多、规模小的特点,村庄分布比较均匀,通常这类村庄集中于丘陵地区、浅山区域,以及河流水系网状分割的平原区。

对这类乡村进行空间规划,科学合理的道路交通布局和配套的公共服务设施建设是其重点和难点。规划可以考虑在不影响村民日常生活生产等情况下进行适当的搬迁,减少不必要的道路等基础设施的投入。

进行散点状乡村空间规划时,基于其与带状城市的一定共同特征,可以在一定程度上参考带状城市的模式,通过一条主路,把乡村的居民、村委会、学校、卫生室等空间有机连接起来。主路规划应充分挖掘并延续现有的道路,由于受地形等因素的影响,多数道路形态狭长,并有可能以弯路为主,在实际规划中,不仅要满足交通性能的要求,而且要抓住现状特征,路面拓宽不能强求径直,要依其自然,使之成为景观优势。在完善道路系统的时候,要根据居民住宅的分布来延伸道路,形成自由式道路网。其他次要的村庄可以用次级道路进行连接,以满足基本的通行要求。对于分散的村庄之间,可以利用田间或林间路,经济条件允许的可以进行硬化,一般情况可以采用砂石路,既满足交通联系的要求,又不增加村民的经济负担。

配套的公共服务设施建设是建设美丽乡村的重要内容,开展这项工作必须以了解乡村的实际情况为前提,相关部门和人员可以结合村口、村委会等大部分村民便于到达或经常路过的地方,一般尽量相对集中布置,便于村民使用或管理。这类乡村一般规模不太大，人口不多，相关设施不要贪大求全，而要以群众实际需要为主，公共服务设施以灵活布置为主。

2. 集中型村庄空间规划模式

集中型村庄是一种常见的村庄形式，大多集中于地势平坦的平原地区，这是大型村庄的典型模式。村庄内部形成一个或几个中心。这类村庄的街巷多呈网络状发展，街巷脉络清晰，村庄形态肌理内聚性强，又易于随着村庄扩大逐步沿路拓展延伸。

通常集中型村庄的规模较大，这意味着村庄内的各类建筑和民宅相对密集，街巷承担着交通联系和组织村民生活的公共空间的主要作用，很多公共设施即公共活动空间都在主要街巷边上，因此，街巷还是公共和半公共的线性交往空间和交通联系通道。

对于集中型村庄而言，对既有空间进行科学合理的改造是空间规划的重点及难度。大部分历史上形成的集中型村庄受当时的社会经济环境限制，街道狭窄、房屋密集、公共空间不足，而汽车、电器等现代产品的介入，对道路交通、消防等提出了新的要求与标准，那么在村庄规划中，对交通设施即交通管理、安全疏散、环境卫生等需要重点考虑。

集中型村庄具有道路繁多且密集的特征，并且农村道路通常比较狭窄，这对空间规划和建设形成了一定限制。因此，在规划建设过程中，要明确村庄道路功能及相应级别，完善道路系统，高效组织交通，明确车行路、人行路、车辆单向通行道路、应急通行道路等，同时，要在村口等适当的地段设置停车场，满足村民或外来人员车辆的停放，防止村庄内部道路堵塞。

村庄公共空间及公共设施的建设要充分利用及强化村庄中心的功能，加强控制引导，防止占用。围绕村庄中心逐步完善各类公共服务设施，提升村庄中心的吸引力与凝聚力。

同时，一些农村内部存在一定数量的年久失修的危旧建筑，为了保证村民安全以及更合理地规划空间，可以适当拆除这些建筑，使其成为公共开敞区域，这样，既可以形成丰富的内部院落空间，与村庄中心形成不同层次的开放空间，又对营造和谐的邻里关系具有重要的意义。

3.组团型村庄空间规划模式

组团型村庄相较于散点状村庄更为集中,而相对于集中型村庄又较为分散,这是我国分布较多的村庄空间模式。这类村庄因地制宜,与现状地形或村庄形态结合,能较好地保持原有社会组织结构,对自然环境的破坏较低。对这类村庄进行空间规划时,主要考虑如何提高土地利用率、科学配置公共设施、合理建设基础设施等方面。

通常,组团型村庄缺乏系统合理的道路系统,道路本身级别较低。因此,在进行道路规划时,应该主要结合原有村庄和地形条件,充分利用现有道路进行规划,重点提高组团间和对外交通的联系程度,在加强各个组团居民点之间联系的同时,逐步完善各个组团内部的道路体系。

建设并完善组团式村庄的配套公共服务设施十分困难,因为这必须对乡村的空间位置、人口规模等因素进行充分了解和考量,以此为基础进行灵活配套,多以小型设施为主。如果村庄各组团之间距离较大,则需要将公共服务设施分散设置,这将导致相关设施利用率不高,造成有限的社会资源的浪费,如果集中设置,则会导致如学生上学路途较远等问题,对于低龄学生,问题更是难以解决。因此,如何提高组团型村庄的土地利用率,高效合理配置公共服务设施及基础设施,提高村庄的整体效益显得至关重要。

二、建设美丽乡村,进行科学的生态治理

(一)保护和修复乡村生态体系

实施乡村振兴战略,建设美丽乡村,一个重要的内容是加强对乡村生态系统的保护和修复,这是一项十分复杂的系统工程。

1.找准重点,加强生态系统保护和修复

习近平总书记在党的十九大报告中明确提出,必须树立和践行绿水青山就是金山银山的理念,统筹山水林田湖草系统治理,建设美丽中国。同时强调,"实施重要生态系统保护和修复重大工程,优化生态安全屏障体系,构建生态廊道和生物多样性保护网络,提升生态系统质量和稳定性"。大力实施大规模国土绿化行动,全面建设三北、长江等重点防护林体系,扩大退耕还林还草,巩固退耕还林还草成果,推动森林质量精准提升,加强有害生物防治。稳定扩大退牧还草实施范围,继续推进草原防灾减灾、鼠虫草害防治、严重退化沙化草原治理等工程。保护和恢复乡村河湖、湿地生态系统,积极开展农村水生态修复,连通河湖水系,恢复河塘行蓄能力,推进退田还湖还湿、退圩退垸还湖。大力推进荒漠化、石漠化、水土流失综合治理,实施生态清洁小流域建设,推进绿色小水电改造。加快国土综合整治,实施农村土地综合整治重大行动,推进农用地和低效建设用地整理以及历史遗留损毁土地复垦。加强矿产资源开发集中地区特别是重有色金属矿区地质环境和生态修复,以及损毁山体、矿山废弃地修复。加快近岸海域综合治理,实施蓝色海湾整治行动和自然岸线修复。实施生物多样性保护重大工程,提升各类重要保护地保护管理能力。加强野生动植物保护,强化外来入侵物种风险评估、监测预警与综合防控。开展重大生态修复工程气象保障服务,探索实施生态修复型人工增雨工程。

2.基于实际需要,建立健全生态系统保护制度

进一步开展国土绿化行动,推进荒漠化、石漠化、水土流失综合治理,强化湿地保护和恢复,加强地质灾害防治。完善天然林保护制度,扩大退耕还林还草。具体来说,就是完善天然林和公益林保护制度,进一步细化各类森林和林地的管控措施或经营制度。完善草原生态监管和定期调查制度,严格实施草原禁牧和草畜平衡制度,全面落实草原经营者生态保护主体责任。完善荒漠生态保护制度,加强沙区天然植被和绿洲保护。全面推行河长制湖长制,鼓励将河长湖长体系延伸至村一级。推进河湖饮用水水源保护区划定和立界工作,加强对水源涵养区、蓄洪滞涝区、滨河滨湖带的保护。严格落实自然保护区、风景名胜区、地质遗迹等各类保护地保护制度,支持有条件的地方结合国家公园体制试点,探索对居住在核心区域的农牧民实施生态搬迁试点。

3.建立健全生态保护补偿机制

适当的补偿机制有利于促进农村生态环境保护和修复,要严格保护耕地,扩大

轮作休耕试点,健全耕地草原森林河流湖泊休养生息制度,建立市场化、多元化生态补偿机制。我国应该加大重点生态功能区转移支付力度,建立省以下生态保护补偿资金投入机制。完善重点领域生态保护补偿机制,鼓励地方因地制宜探索通过赎买、租赁、置换、协议、混合所有制等方式加强重点区位森林保护,落实草原生态保护补助奖励政策,建立长江流域重点水域禁捕补偿制度,鼓励各地建立流域上下游等横向补偿机制。推动市场化多元化生态补偿,建立健全用水权、排污权、碳排放权交易制度,形成森林、草原、湿地等生态修复工程参与碳汇交易的有效途径,探索实物补偿、服务补偿、设施补偿、对口支援、干部支持、共建园区、飞地经济等方式,提高补偿的针对性。

(二)加强乡村环境治理

1. 将环境保护纳入村镇建设规划体系

围绕乡村振兴战略建设农村的过程中,首先需要结合实际情况对村镇建设进行整体规划,而为了建设美丽乡村这一目标,应该将环境指标纳入规划和评价体系中,避免建设过程中因忽略环境因素而造成灾难性后果;保证环境规划与村镇规划、环境建设与村镇建设、环境管理与村镇管理同步进行,把小城镇环保工作纳入干部政绩考核。

2. 建立并完善农村环境保护法律制度

加强农村生态环境治理,科学且严格的法律法规是相关工作顺利展开的重要保证,并且农村环境保护法律体系还是农村环保制度设计和政策执行的根据,构建农村环保法律法规体系,需在科学立法、严格执法、法律监督等方面下功夫。在立法的过程中,需要克服"经济至上"的惯性思维,按照"谁污染谁治理"的原则立法。应抓紧研究、完善有关农村环境保护方面的法律,研究制定村镇污水、垃圾处理及设施建设的政策、标准和规范,对重要饮用水水源地等水环境敏感地区,制定并颁布污染物排放及治理技术标准。各地结合实际尽快制订和实施一批地方性农村环境保护法规、监测制度和评价标准,鼓励地方对农村环境法规规范领域进行探索,尽快填补农村环保法律的空白和盲区。

3. 构建并完善农村环境管理监测体系

切实有效的监测为农村环境保护工作落实到位提供重要标准,通过监督和追责的方式可以在一定程度上避免相关工作人员和领导玩忽职守而产生严重后果。加大上级环保部门对下级环保部门在执行环保法律法规方面督查和考核的力度,对违法乱纪责任人必须严格追究相关法律责任。建立严格的环保问责制度和绿色 GDP 考核制度,杜绝以 GDP 为唯一目标的发展方式,实行政府负责人环保负责制。要加快将农村环境保护作为重要指标纳入政府考核体系,并明确加以规定。

同时,应该积极推行公众参与。发展环境保护事业要保障人民群众的监督权,推进信息的透明公开,健全公众参与机制。同时,积极报道和表彰环境保护工作中的先进分子。尽快建立公众参与环境保护监督机制,拓宽农民大众参与环境保护的途径,只有把政府的强制管理和个体的自觉遵守结合起来,农村的环境保护工作才能真正地事半功倍。

4. 积极开展环保宣传教育活动

在农村开展环境保护工作,一个重要的方面是转变农村居民的传统思想,要让他们正确认识环保及其重要性。需要注意的是,在农村居民中开展环保宣传教育时,要充分考虑农村居民文化知识水平普遍较低的现实,可采用一些农民喜闻乐见的形式和素材,比如科教片、宣传图板等,或者结合文艺表演、科技扶农内容,开展环保图书下乡活动,编写适合在农村中小学、城市流动人口中使用的环境和生态乡土教材,在农村中小学普及基本环保知识。建立和完善公众参与机制,鼓励和引导农民及社会力量参与、提倡农村环境保护。

5. 加大对农村环境保护的财政投入

农村环境保护和治理是一项系统工程,需要耗费大量财力,单纯依靠农村自己并不实际,因此,国家相关部门应该加大在这方面的财政投入,支持农村环境保护,设立农村环境污染税费制度,明确各级政府的农村环境保护职能范围,统筹农村环境保护工作,整合对基层政府的转移支付资金以及突出财政支持重点等。一般来讲,财政政策工具主要分为财政收入和财政支出两大类。一方面,政府可以通过税收或专项政府基金等形式,在为环境保护筹集资金的同时,增加排污者的排污成本,从而调节其排污行为;另一方面,政府可以通过财政环境保护支出的安排,以投资环保基础设施、购买环保相关劳务和给予特定个人或企业财政补贴的形式,实现相关的环保目标。

通过以上分析可以看出,当前,我国农村环境保护和治理面临诸多问题,想要解决这些问题需要很长时间的持续努力。因此,农村环保工作既要解决当前突出问题,更要探索新路径,建立长效机制,为农村长远发展奠定基础。作为国家管理者,各地政府要把农村环保工作当作重点工作开展,学习借鉴国内外成功经验,并积极探索适合当地特点的农村环保之路,加强农村环境保护工作,改善农村环境,切实保护农民群众的生存环境。

(三)完善自然村落整治

1. 自然村落整治的主要内容

自然村是由村民经过长时间聚居而自然形成的村落,我国北方平原地区的自然村通常比较大,南方丘陵水网地区的自然村通常比较小。自然村落的整治主要包括以下内容:

(1)农村道路改造。对村内的主要道路进行标准硬化。合理布局村内路网,努力实现户户通路,切实改善村民交通出行条件。加快危桥改造,方便农民出行。

(2)农宅墙体整修。根据农民的意愿和计划方案的要求,对村民住宅外墙统一形式和颜色,达到村落房屋色彩统一,实用美观。

(3)生活污水处理。给水、排水系统完善,管网布局规范合理,自来水入户率达到100%。农村生活污水集中处理。

(4)村内照明装置。村内主干道和公共场所有路灯照明装置,布局合理,环保节约,方便村民晚上出行,点缀乡村夜景,提升品位。

(5)村庄环境整治。统一进行环境整治,拆除危房和违章建筑,对乱堆放的固体废弃物进行清理,做到无乱搭乱建乱堆现象。

(6)河道疏浚净化。保护好村域内现有的水面,实行常年保洁,对濒临废弃、垃圾杂草滋生的黑臭河道进行疏浚、填堵,保障基本水质达标,水清岸绿。

(7)农民住宅改厕。积极推进农村卫生厕所改造,农宅改厕率100%,村有公共卫生厕所并达标。

(8)公共服务设施。建设深受农民欢迎的社区卫生室、便民小超市和文化活动室等公共服务设施和群众健身活动场所,改善农村医疗卫生、文化健身和日常生活条件。

2. 自然村落整治的主要途径

首先,构建合理的组织领导体系,建立工作机构。成立由有关部门组成的领导小组,明确工作目标和任务,加强不同部门的分工协作,落实各个部门的责权关系。领导小组主要负责自然村落改造工作的统筹、指导和检查验收;各镇成立相应的小组或机构,确保有分管领导、把责任落到实处。自然村落改造的具体实施:区农委、规划局等相关部门,按职能分工,明确职责、密切配合、强化服务、齐抓共管、形成合力。把这项工作列入对各级部门的考核中,建立奖惩制度。

其次,明确科学合理的治理方案,制定并完善工作计划。在制定和优化自然村改造的实施方案和工作计划时,应该保证各相关部门的共同参与,要经过多次磨合与修改得出最终结论。自然村落改造方案以设计文本为主,详细说明基本概况、改造项目、空间优化、配置设施、投资预算等。工作计划包括宣传发动、组织实施、总结评估和有关建议等内容。坚持从当地实际出发,因地制宜,量力而行,确保方案的科学性、可行性和实效性。

再次,推进部门间有机协作,因地制宜开展工作。加强对相关部门的组织协调,一切以农民的利益为出发点和落脚点,因地制宜地发展。一是坚持高标准、严要求,严格按照工程方案、设计图纸和施工要求,组织规范施工;二是要提高工作效率,在保证施工质量的基础上,各单位、部门所承担的工作和项目要按照时间节点落实任务,确保按质按时完成;三是加强监督检查,加强业务指导和施工质量监督,实行工程建设督理制度和村民自治相结合,定期或不定期地进行督促检查,组织统一评审验收。

最后,加强管理队伍建设,构建并完善长效机制。正确处理好集中建设与长效管理的关系。坚持建管结合,建管并重。试点村制定村规民约,列为文明家庭评比内容,探索长效管理机制。

第六章　促进乡村文化发展

建设乡风文明既是乡村建设的重要内容,也是中国社会文明建设的重要基础;乡风文明不仅反映农民对美好生活的需要,也是构建和谐社会和实现强国梦的重要条件。

第一节　乡风文明的概念

一、乡风文明的内涵

乡风文明是人们在日常的物质生活和精神生活中形成的传统美德和良好的文明习惯。要准确理解乡风文明我们要先从文化与文明谈起。

(一)文化和文明

1. 文化

文化一词来源于拉丁语,原意是耕作、培训、教育、发展、尊重等。文化是与自然存在的事物相对应而言的。野生的禾苗非为文化,但人工栽培出来的麦、稻等则为文化;天然的燧石非为文化,但经过原始人打制的石刀、石斧则为文化……可见,文化是人类创造的东西,而不是自然存在的事物。文化作为一种特有的社会现象,随着人类的产生而产生,随着人类社会的发展而发展。

最早给文化下定义的英国人类学家爱德华·泰勒在其著作《原始文化》中指出:"文化是一个由知识、信念、艺术、道德、法律、风俗及其他人类能力与习惯组成的综合系统。"文化不仅包括价值观、行为准则、生活态度这类非物质的形式,也包括了体现这些非物质文化意义的物质表现形式。

在《辞海》中,文化被划分为广义文化和狭义文化。广义文化是指人类社会实践过程中所获得的物质、精神的生产能力和创造的物质、精神财富的总和。狭义文化指精神生产能力和精神产品,包括自然科学、技术科学和社会意识形态。

2. 文明

关于"文明"一词,《辞源》中的解释是:指人类社会进步状态,与"野蛮"相对。文明是人类社会发展的产物,是人类进入高级阶段的一种社会进步状态。因此,文明是人类社会发展中各种相互关联的高级属性和特征的集合体,它表示着人类社会的物质和精神生活不断发展、进步的状态。

3. 文化和文明的关系

文化和文明都是人类在实践活动中创造的社会现象,随着社会经济基础发展而不断变化,同时,又积极反作用于人类的社会实践和社会生活。

相对文明来说,文化产生的时间更加久远,文化是反映人类创造的一般成果,而文明是人类所创造的进步和有积极意义的成果,文明是积极的、进步的文化。

(二)精神文明与先进文化

1. 精神文明

精神文明是指人们改造主观世界的社会精神生活积极成果的总和,与物质文明相对,主要表现为文化方面和思想方面。文化方面主要包括社会的文化、知识专题、科学、教育、文学、艺术、卫生、体育等各项事业的发展程度以及与此相对应的物质设施、机构的发展规模和水平。思想方面包括社会的政治思想、道德面貌、社会风尚和人们的世界观、理想、情操、信念以及组织性、纪律性的状况。

精神文明以相应的物质文明为基础,它的性质是由生产方式所决定的。同时,精神文明也有力地促进了物质文明的发展。两种文明互为条件,相互推动社会进步和文明程度,表现为两种文明的统一发展程度。

2. 先进文化

当代中国先进文化的内涵表现在以下几个方面:

(1)应该是以马克思主义为指导,以培育有理想、有道德、有文化、有纪律的公

民为目标,发展面向现代化、面向世界、面向未来的,民族的、科学的、大众的社会主义文化;

(2)应该是科学的、健康的、符合最广大人民群众根本利益的、代表未来发展方向和有利于社会进步的文化;

(3)应该是反映着先进社会生产力的发展要求,是能够冲破人们的旧思想、旧观念、旧理论、旧习惯,促进新思想、新观念、新道德、新思维方式的形成与发展的文化。

(三)农村文化与乡风文明建设

1. 农村文化的内涵

一般来说,农村文化有广义和狭义之分。广义的农村文化是指农民世世代代、生生不息共同创造的精神财富,是农民赖以生存和发展的物质和精神基础。狭义农村文化是指在一定的社会经济条件下形成的以农民为载体的文化,它是农民的文化水平、思想观念以及在漫长的农耕实践中形成并积淀下来的认知方式、思维模式、价值观念、情感状态、处世态度、人生追求、生活方式等深层心理结构的反映,它表达的是农民心灵的世界、人格特征以及文明开化程度。

2. 农村文化的特点

(1)乡土性

对于聚族而居的中国农民,村落是他们的生产场所,他们耕种一定范围的土地获取生存资源,并且围绕着耕种的特点和季节性进行劳作。同时,村落也是他们的一种社会环境,在他们自己的乡村中,有熟悉的同族、亲戚和邻里,有密切的社会交往关系,而离开乡村外出时,面对一个完全陌生的世界和人群,很难找到自己的位置。他们对于外部世界,既不熟悉,又不信任,在新的环境中往往感到失落和苦恼,而且外界社会也不一定接受他们。这样就形成了农民和家乡、土地难以割舍的情结。

(2)封闭性

著名社会学家费孝通认为:"乡土社会是安土重迁的,生于斯、长于斯、死于斯的社会。不但是人口流动很小,而且人们所取给资源的土地也很少变动。"由于生产方式、交通条件等的限制,农村居民大多闭塞于乡村一隅,很少与外部世界接触。农民相对集中在一块土地上,吃穿等所需物质生活资料基本上自我生产,达到一定水平的自给自足,对外界需求甚少,逐渐地就封闭了起来,而且不少村落远离市镇,交通条件不便利,和外部世界没有什么经济的、文化的、人际的常规性联系,更强化了其封闭性。

(3)宗法伦理性

宗法伦理是指农民把自己从属于家庭和宗族的一种血缘群体观念。群体的目标高于个人目标,个人依附于群体而存在。在一个家庭里,家长说了算,在一个家族里,族长起着主导作用。宗法伦理的深刻影响,使得农村社会不但纯粹血缘关系的群体靠以"礼"为核心的封建文化道德体系维系,而且非血缘的人际关系也依附于此。长期流行于中国农村社会的开香堂、拜师傅、认师兄弟、结义兄弟的关系等,就是血缘的宗法伦理的外化表现形式。宗法伦理观念有利于增强民族、国家和家庭的凝聚力,但它的消极作用是主要的,如压抑了个人的发展,容易形成任人唯亲等。

(4)保守性

传统农民的心理和行为是比较保守的、稳定的、务实的。我国大多数农民历来是小私有者、小生产者,在小规模经营形式下,产出极为有限,常常是丰年刚够,歉年不足,没有必要的积累,减弱了他们承受风险的能力。因此,他们对任何新的东西和生产中的技术改革往往抱着怀疑和观望的态度。另外,农民整体文化水平较低,接触外界较少,缺乏预测社会变动所带来的后果所必需的知识。这样就形成了农民不玄想、安于现状、不尚开拓的文化心理。

(5)平均主义与满足感

"平均"一直是中国农民追求的理想状态,"不患寡而患不均,不患贫而患不安"。中国农村人多地少,生产力水平低下,农民期望通过平分土地来维持生活、获取平等地位。平均主义还表现在传统农村财产继承上的众子平分制上。由于生产水平低下,社会财富缺乏,农民的欲望很低,旧时的中国农民往往满足于"日求三餐,夜求一宿""三亩地一头牛,老婆孩子热炕头"的温饱生活,而不是追求更多的物质享受。因为他们是处在生命的生物周期之中,到他们的垂暮之年,生活已把自身的一切意义都给予了他们,不再存在任何他们还想解开的谜,所以,他们可以对生活感到满足。在那样的社会中,没有丰富多样的文化潮流冲击,他们自认为该经历的都经历了,该享受的都享受了,所以对生活充满了满足感。

(6)经验思维

经验思维是对农业自然经济和手工操作方式的反映。因为这样的生产活动没有科学技术的指导,没有更新的生产手段,只能是靠经验的积累来完成。在变化十分微弱的社会里,经验是人们遵循的基本原则,人循人,子循父,一切都是效法祖先,对来自外界的信息很难接受。传统的农民相信前人和自己的经验,自己的亲身观察和实践。凡是未经前人经验或亲身实践所证实的,他们往往抱有怀疑的态度。传统农民是天然的经验主义者。

3. 乡风文明建设

乡风就是乡土风俗,是人们在日常的物质生活和精神生活中形成的习惯。目前,在农村许多富于道德情感的淳朴的文明乡土民俗依然存在。

文化有其自身发展的规律,文化需要人们去创造、促进和建设,只有这样,才能更好地发挥文化的凝聚、整合、同化、规范社会群体行为和心理等功能和作用,促进文化的进步和发展。文化建设就是人们自觉地、主动地、有目的地去推进文化变化发展的具体行为和过程。为了更好地维护和弘扬传统文明乡风,我们应该加强对广大农民进行有关传统美德教育和优良文明乡风教育。通过农村乡风文明建设能够提高农民的综合文化素质,有效地促进农村经济发展和社会进步,实现农村物质文明、政治文明和精神文明协调发展,将极大地推动社会主义新农村建设和小康社会宏伟目标的实现。

二、乡风文明建设的意义

目前,农村文化发展的滞后日益阻碍农村经济社会发展,加强乡风文明建设是农村社会发展的迫切需要,是我国农村现代化建设的政治保证、精神动力和智力支持。加强农村文化建设对于促进农村经济社会的可持续发展、全面建设小康社会具有十分重要的意义。加强农村文化建设是乡风文明建设的战略引导。

(一)加强农村文化建设是促进农村可持续发展的现实需要

近年来,"三农"问题一直困扰和阻碍着农村经济社会的发展。解决"三农"问题的重要手段就是要大力发展生产,增加农民收入。社会主义新农村建设是党和政府有效解决"三农"问题的新举措,其核心是要以农民为主体,从农民需要出发,大力发展农村物质文明建设,努力加强农村精神文明建设,推动农村社会现代化建设和全面建设小康社会。

农村社会现代化建设既是经济增长和社会财富增长的过程,同时又是农村精神文化建设的过程,是农村经济与社会的协调发展和全面进步的过程。农村社会现代化实际上就是农民现代化的过程,因为农民是农村现代化建设的主体。因此,只有大力加强农村文化建设,提高农民综合素质,培养新型农民,建设文明乡风,优化农村社会人文环境,才能有效地保证农村物质文明建设的持续、健康、快速发展,促进农村物质文化与精神文化的协调发展、共同进步,有利于农村以及整个社会的稳定与发展,最终促进农村可持续发展。

(二)加强农村文化建设是顺应时代发展的要求

随着世界经济贸易的发展以及科学技术的飞速进步,全球化日益成为世界历史发展的潮流。全球化不仅深刻地影响着世界的经济发展,而且也必将对各国的政治、文化产生重大而深远的影响。在全球化过程中,一方面要使经济、政治、文化全球化和趋同化;另一方面又必须保持生产方式、经济体制、政治体制、文化传统和民族特性的多元化和本土化。只有这样,全球化才能促进发达国家和发展中国家和地区的共同繁荣和进步,才能真正地符合全人类的利益和发展。

在全球化的过程中,作为发展中国家,我们既要坚持中华文化的民族性,继承和发扬优秀的中华传统文化,同时,又要正确处理好文化的时代性和世界性的关系,吸收世界先进文化,不断创新和发展民族文化。

我国是一个具有悠久农耕历史的农业国家,农村文化是中华民族文化的重要组成部分,在全球化的背景下,为了继承优秀的传统文化以及实现中华民族文化的创新和发展,我们必须顺应时代发展的要求,加强农村文化建设,促进中华民族文化的发展和繁荣。

(三)加强农村文化建设是创造和谐社会的战略要求

财富的增长与精神文明的失调,导致社会的种种恶果是世界发展过程中留给我们的教训。我们国家出现的许许多多不和谐的现象也都与精神文明滞后有关。从这个意义上讲,加强农村文化建设是创建和谐社会的战略要求。

农村文化是社会主义文化的重要组成部分,在我们这样一个农业人口众多的国家里,农村文化水平影响着社会主义精神文明建设的进程,农村文化建设是我们进行社会主义文化建设的主战场。农村文化建设不但可以推动整个社会精神文明建设的发展,而且也能够有力地促进国民经济的发展和社会的稳定,因此,加强农村文化建设是我国社会主义现代化建设和全面建设小康社会的战略要求。

第二节 乡风文明建设的内容

一、社会主义新农村乡风文明建设的特点

现阶段,我国农村正处于急剧的社会经济变化和社会转型期,农村文化也从传统文化向现代文化过渡和变迁,这就决定了在建设社会主义新农村的过程中,乡风文明建设也应该呈现出时代的特点和民族特色。

(一)继承性与创新性

文化是人类在特定的时代、特定的地区的物质生活状况、社会风俗习惯、社会精神面貌、社会意识形态和社会组织机构等的集合和凝结,是社会物质财富和精神财富的总和,同时,人类文化的发展具有历史连续性和继承性。因此,发扬传统文化与文化的开拓创新是有机统一的,继承是创新的重要基础,创新是继承的必然要求。

目前,在我国农村许多富于道德情感的淳朴的文明乡风民俗依然保存着,在新农村的乡风文明建设中,我们既要从优秀的传统文化中吸取其精华,使之发扬光大,又要学习和借鉴一切先进文化,使农村文化不断得到创新和发展。只有这样,才能适应新时期农村社会发展的需要,更好地推动社会经济的发展和繁荣。

(二)多样性与地方性

我国地域辽阔、地理环境复杂、民族众多,从而使农村文化呈现出多样性的特征。同时,我国农村文化又极具地方特色,呈现出明显的差异性、民族性、地域性等特点。因此,我们建设社会主义新农村的新型文化不可能采取"大一统"的模式,而应该坚持多样性和兼容并蓄的方针,同时,又要尊重各地方的民族特色文化。

(三)主体性与实用性

农村文化是在广大农民群众的长期社会实践中发展起来的,亿万农民群众及其社会实践是新农村文化建设的主体和重要载体。在社会主义新农村文化建设中,农民群众不但是新农村文化的创造者,同时,又是新文化的享有者。因此,在新农村文化建设中,必须充分尊重和发挥广大农民群众的主体地位,充分发挥他们在新农村文化建设过程中的积极性和主动性。

(四)开放性与先进性

文化一方面具有强烈的历史继承性,另一方面又具有明显的变迁性和时代性。尤其是随着现代社会经济的发展、科技的进步以及信息传播的迅速发展,文化变迁越来越明显并呈加速态势,而且日益呈现出越来越开放的局面。因此,在当代,农村文化的建设要主动吸收和借鉴各种不同的文化思想和外来文化,兼收并蓄形成独特的富有时代性、开放性的新农村文化。同时,农村文化建设要始终坚持先进文化建设的方向,倡导健康文明新风尚。

大力弘扬以爱国主义为核心的民族精神和以改革创新为核心的时代精神,激发农民群众发扬艰苦奋斗、自力更生的传统美德,为建设社会主义新农村提供强大的精神动力和思想保证。

二、社会主义新农村乡风文明建设的基本内容

(一) 培育新型农民与加强农民教育

无论是发展生产,还是增加收入,无论是推动民主管理,还是实现乡风文明,农民的素质都是最基本的条件。建设社会主义新农村就是要解决农业、农村和农民问题,特别是要解决好农民增收、农民权益问题。这是新农村建设的基本出发点和最终归宿。

要实现这样的目标,不造就千千万万高素质的新型农民是不可想象的。因此,依托产业发展对农民开展农业实用技术培训和职业技能培训,同时,积极引导和教育农民遵纪守法、提高修养、崇尚科学、移风易俗,使之成为"有文化、懂技术、会经营"的新型农民,为推进农村产业结构调整,加快农业产业化进程,增加农民收入提供智力支持和人才保障这是新农村建设最本质、最核心的内容,也是最为迫切的要求。

(二) 加强农民思想道德建设

农民思想道德建设作为传统文化道德与当代中国社会发展状况的结合,是我国社会主义新农村乡风文明建设的重要内容。农民思想道德建设是农村精神文明建设的核心内容和中心环节。

农民思想道德建设要从农村和农民实际出发,要大力弘扬民族精神和时代精神,坚持不懈地进行党的基本理论、基本路线、基本纲领教育,进行爱国主义、集体主义、社会主义教育,进行正确的世界观、人生观、价值观教育,引导农民群众坚定走中国特色社会主义道路的理想信念。同时,引导农民群众发扬中华民族艰苦奋斗、自强不息的优良传统,以诚实守信为重点,积极倡导社会公德、职业道德、家庭美德。发扬与时俱进、改革创新的时代精神,增强发展意识、效率意识、竞争意识,推动实施公民道德建设工程,促进农村形成团结互助、扶贫济困、平等友爱、融洽和谐的良好风尚。

(三) 加快农村科技发展

农业是农村的主要产业,是农民收入的基本来源,建设现代农业对发展农村经

济和增加农民收入具有十分重要的意义。因此,农业的发展是促进我国"三农"(农业、农村和农民)问题解决的主要措施。在影响农业发展的因素中,科技的作用无疑是最大的。与农业科技的发展相对应,农村发展中的人和物等其他的因素都是在此基础上所产生或是与此相关的,如科技的发展使得劳动者的素质提高、劳动对象扩大,使得农业的规模经营产生、产业结构调整成为可能,等等。科技在促进农业发展的同时,也对农村和农民的发展产生巨大的作用。因此,新时期农业和农村科技的发展是我国"三农"问题解决的突破口。

(四)继承和创新农村民俗文化

继承自己过去的优秀民俗文化传统,学习外来优秀民俗文化的有益成分,才能造就我们今天新的民俗文化。因此,正确认识处理好继承优秀文化传统与实现民俗文化创新的关系,大力提倡和推进文化创新,努力建设具有鲜明时代精神的当代新民俗,以及坚持对外开放与保持民族文化独立品格的关系,努力建设具有中国气派、中国风格的当代民俗文化,是摆在我们面前的艰巨任务。

(五)加强农村法制建设

社会主义和谐社会的一个重要标志,就是社会稳定、人民安居乐业。建设社会主义新农村,是贯彻落实科学发展观的具体体现。作为农业大国,加强农村法制建设,搞好农村社会治安秩序稳定与良性发展,对于维护农村政治安定、社会稳定,保证农村改革和经济发展的顺利进行,对于建设社会主义新农村,构建社会主义和谐社会有着重要的实践价值。

(六)大力推进农村文化建设

农村文化体制的转换和建设,为社会主义新农村文化建设提供了新动力和制度保障。农村文化建设还要重视和培育内生机制。农村文化建设是一项社会系统工程,只有齐抓共管,形成合力,才能改变目前的一些被动局面。

第三节 乡风文明的建设路径探索

一、乡风、家风、民风齐抓共管

以好家风涵养民风,让好家风促乡风文明变得更加重要。要坚持物质文明和精神文明一起抓,注重培育文明乡风、良好家风、淳朴民风,不断提高乡村社会文明程度。

(一)打造淳朴文明的良好乡风

乡风是指长期依托某农村区域形成的一种共有的区域特色、思维方式以及历史文化传统的乡村文化。随着农村经济的发展,人们物质生活水平的提高,广大农民群众对精神文化有了更高更多的需求。

文明乡风是实现农业农村现代化的重要支撑。培育文明乡风,有利于营造宽松、文明、充满活力的经济发展环境,增强对各种生产要素的吸引力;有利于凝聚精气神,点燃干事创业的热情,增强农民群众团结一致、努力拼搏的信心。文明乡风是实现农村和谐稳定的重要保证。文明乡风能优化农村人文社会环境,激励人们崇德向善、孝老爱亲、爱国爱乡,促进社会和谐稳定。实践证明,培育文明乡风,有助于改变广大农民的精神风貌,使农村更加充满生机活力;有助于促进社会公平正义,营造和谐有序的社会环境;有助于形成健康文明的生活理念和生活方式,促进人的全面发展。我们可以通过以下两个方面来打造淳朴文明的良好乡风。

1.大力培育和践行社会主义核心价值观

社会主义核心价值观是当代中国精神的集中体现,凝结着全体人民共同的价值追求。培育文明乡风,就要将社会主义核心价值观融入农村精神文明建设的方方面面。

第一,融入村规民约。要根据社会主义核心价值观制定或修订完善村规民约,让社会主义核心价值观有效引导和规范农民群众行为。

第二,融入各项群众文化活动。运用群众喜闻乐见的形式,广泛开展健康向上的文化活动,使广大农民群众在潜移默化中受到社会主义核心价值观教育。

第三,融入农村思想文化阵地建设。大力推动村民中心、文化广场、村综合文化服务中心建设,让这些思想文化阵地成为宣传社会主义核心价值观的有效载体。

2. 扎实开展形式多样的乡风文明建设活动

风俗正而民风清,民风清而风气明。要以习近平新时代中国特色社会主义思想和十九大精神为指引,不断坚定文化自信,传承发扬优秀传统文化和现代文化,积极顺应农民群众对文化生活的热切期盼,大力发展雅俗共赏、丰富多彩、富有特色和时代特征的农村乡土文化。积极挖掘、整理和保护好具有地方特色的民间艺术,延续历史文脉,把美丽乡村建设成有历史记忆、地域特色、乡土气息的文化之乡。以系列文明创建活动为载体,文明乡风需要通过各种丰富的文明创建活动来推动形成。要因地制宜,不断探索,勇于创新,紧密结合社会主义核心价值观,从优秀传统文化中汲取营养,大力弘扬诚信友善、爱国敬业、尊老爱幼、扶弱济困、公平正义等美德,使好的家风渗透到农村日常生产、生活各个领域,润泽广大党员干部和百姓,以形成文明乡风。

在实施乡村振兴战略的时代背景下,打造淳朴文明的良好乡风,是乡村振兴战略总要求的有力抓手。要结合农村实际,满足农民群众文化需求,让乡风文明在农村开花结果。积极培育文明乡风,提高乡村社会文明程度。

(二)传承好家风,争做文明人

家风,简言之,就是一个家庭的传统和风气,或者说是家庭的文化氛围,通常是指一个家庭在长期发展过程中遵从优良传统、吸纳优秀文化而形成的,指导家庭成员做人做事的价值观念和行为准则。家风作为一个家庭为人处世的价值标准,对乡风文明影响深远。习近平总书记对家风问题非常重视,指出:"家风好,就能家道兴盛、和顺美满;家风差,难免殃及子孙、贻害社会。"调查发现,一个家风传承良好的农村社区,总是洋溢在一种老人祥和、子女孝顺、家业兴盛、邻里和谐的氛围之中,其中浸润着令人艳羡的文明乡风。

1. 良好的家风能形成风清气正的社会风气

自古以来,"修身、齐家、治国、平天下"的传统信条以自我完善为基础,通过管理家庭和治理国家,直到天下太平,是几千年来中国人的最高理想。其中,"修身、齐家"是"治国、平天下"的基础。显而易见,如果每个家庭的"家风"都很正,从这些家庭成长起来的人也会很正,再放之社会,就能形成风清气正的社会风气。

2. 优秀传统家风能增强群众的家园归属感,引导全乡群众向善向上向好,促进乡村文明

家风既是一个家庭的传统和风气,也是党风廉政建设的"晴雨表"。一个好的家庭,应该要有好的家风。因为良好的家风会内化为一种潜在动力,使我们今后的人生道路越走越宽。良好的家风,往往来自良好的家训。中国古代家训史源远流长,包罗万象,广泛涉及个人修身、齐家以及治国平天下等方方面面。这些优秀的、闪耀着中华民族智慧的精神遗产,体现了中国传统伦理文化的基本精神、价值取向和人文关怀,对我们当代的思想品德教育同样具有极强的借鉴价值。我们要将传承良好家风、家训、家规与践行社会主义核心价值观有机统一起来。在社会主义核心价值观个人层面"爱国、敬业、诚信、友善"的规范中,就体现出对我们良好家风、家训、家规的培育和要求。要恪守这些基本道德准则,我们就应当从回味和传承良好的家风、家训、家规做起。

(三)抓民风建设,促乡风文明

厚养淳朴民风,能够促进乡风文明建设。要深入挖掘农耕文化蕴含的优秀思想观念、人文精神、道德规范。支持农村地区优秀戏曲曲艺、民间文化等传承发展。建立文艺结对帮扶工作机制,深入开展文化惠民活动,持续推进移风易俗,弘扬时代新风,遏制大操大办、厚葬薄养、人情攀比等陈规陋习。

1. 深化移风易俗行动,崇尚科学文明生活方式

第一,要持续深化移风易俗行动,健全完善乡规民约、红白事理事会等,广泛开展道德评议、村民评议等活动,推动形成勤俭节约、尊老爱幼、崇尚科学的文明生活方式。发挥农村优秀基层干部、乡村教师、文化能人等新乡贤的带头示范作用,大

力营造风清气正的淳朴民风。

第二,运用农民文化礼堂、道德讲堂等开展思想政治教育和科学文化知识普及等活动,不断提升农民的道德修养和科技文化素质。向陈规陋习挥手作别,让文明之风盛行乡里,对老家规、老族训予以挖掘、保护、提炼和传承,形成全体村民认同、具有本村特色、符合村情民意的村规民约,让老家规再次焕发出新活力。

第三,要采取多种方式方法引导、教育农民,比如举办农民喜闻乐见的文化活动、文艺表演,利用农民身边的典型宣传农村传统美德与传统文化,有条件的地方还可以定期播放一些乡风文明宣传片等,使农民逐步形成良好的生活、行为习惯和蓬勃的精神风貌,营造出平等友善的和睦村风,让文明乡风助力乡村振兴。

第四,要在深化星级文明户、文明家庭评选以及文明村镇创建活动上下功夫,投入足够的财力,使这些活动成为乡风文明建设的有力抓手。

第五,要坚持以社会主义核心价值观为引领,在宣传展示家风、家训、家规以及传承发展提升农村优秀传统文化上出实招、树典型,使之成为广大农民群众修身齐家的不竭动力和源泉。

2. 坚持法治先行,在法治育人上抓培训

第一,深入开展普法教育活动,组织群众参加法制教育培训,培育"农村法律明白人",组织群众观看反邪教影片,发放各类宣传资料等,引导村民学法、用法、遵法、守法;组织专人察访民情民意,及时了解村民的所思所想,及早化解矛盾纠纷,及时制止危害社会的不良风气。

第二,实现无群体上访,无刑事和治安案件,无民族宗教矛盾,人民群众安居乐业,幸福指数不断提高。使法治、德治和村民自治有效结合,提升干部群众的综合素质,文明乡风建设成效日益显现,形成文明办丧事、节俭办喜事的风气,各类农村精神文明建设先进典型层出不穷,在推进移风易俗、树立文明乡风工作中起到很好的示范带动作用。乡亲们不再攀比,民风更容易形成,对民风的改善起到积极的引领和推动作用。

3. 村规民约提升民风

村规民约是村民自治组织依据党的方针政策和法律法规,结合本村实际,为维护本村的社会秩序、公共道德和村风民俗而制定的、为全体村民所认同的、约束和规范村民行为的一种规章制度。每个村的村规民约在乡风文明建设方面都发挥了很好的促进作用。尽管村规民约缺乏相应的处罚权，但对村民的言行仍然具有很强的约束性。依据村规民约，村委会可以通过星级管理公示、取消有关福利待遇等方式，彰显遵规守约的荣光，导引民风的走向。

在农村传统文化方面，如何厚养淳朴民风，需要具体问题具体分析，可能会有继承、有吸收、有发扬，也可能会有摒弃、有改善或者是创新。具体到当下实际，我们要在农村倡导尊老爱幼、邻里团结、遵纪守法的良好乡风民俗，用文明言行来抵制各种歪风邪气，抓好农村移风易俗工作，坚决反对铺张浪费、婚宴大操大办等陈规陋习，消除各种丑恶现象，树立文明新风，全面提升农民素质，提高农村社会的文明程度，形成团结、互助、平等、友爱的人际关系，构建和谐家庭、和谐村组、和谐村镇，打造农民有情节可安放、有乡愁可寄托的精神家园。喜事新办、丧事简办成为群众共识。

总之，厚养淳朴民风，固然需要我们注重从乡村社会之外引入文明新风，但也要意识到，乡村社会自身蕴藏着许多优秀传统文化。只要精心发现和用心开发，并加以创造性转化和创新性发展，农村精神文明建设的空间将变得更加宽广。特别是由于这些传统文化一直栖身于乡村社会，长期存在于乡民生活之中，因而从这些传统文化中培育出来的乡风，无疑与农民的相容性及其在农村的生命力都更强。从古至今中国素有"礼仪之邦"的美誉，因此，开展必要的礼仪活动，不仅具有凝聚精神的功能，还能够规范人们的一言一行。要深入挖掘优秀传统农耕文化蕴含的思想观念、人文精神、道德规范，培育挖掘乡土文化人才，弘扬主旋律和社会正气，提高乡村社会文明程度，焕发乡村文明新气象。坚持惠民利民，在群众致富上重实效。严格落实便民服务室监管机制，对群众诉求和办理事项实行"一站式"服务，确保惠民政策的公平、公正落实。要推动乡村生态振兴，坚持绿色发展，加强农村突出环境问题综合治理，推进农村"厕所革命"，完善农村生活设施，打造农民安居乐业的美丽家园，让良好生态成为乡村振兴的支撑点。

二、加强道德建设、公共文化建设

乡风文明表现为农民在思想观念、道德规范、知识水平、素质修养、行为操守,以及人与人、人与社会、人与自然的关系等方面继承和发扬民族文化的优良传统,摒弃传统文化中消极落后的因素,适应经济社会发展,不断有所创新,并积极吸收城市文化乃至其他民族文化中的积极因素,以形成积极、健康、向上的社会风气和精神风貌。乡村振兴,既要发展产业、壮大经济,更要激活文化、提振精神,两者缺一不可、不可偏废。

(一)加强农村道德建设

1. "富口袋"的同时也要"富脑袋"

我们要在解决"富口袋"的同时,加快"富脑袋",使得群众的物质、精神文化生活更加富足。现阶段,我国农村道德建设滞后,精神文化生活比较匮乏,赌博盛行,城镇化让工业文化、城市文化快速进入农村,一定程度上冲击甚至切断了乡土文脉,导致乡村文化"水土流失"。

随着电脑、互联网和智能手机的普及,许多新生代的农村子弟也用起了QQ、微信等即时通聊天工具,这本身无可非议,但就农村而言,却是有利有弊。农村的虚荣攀比之风越来越盛,放鞭炮要攀比,临近春节,许多农户无论贫富都要购买烟花爆竹,每户花销少则三五百元,多则超过千元。修房子、嫁娶、过生日做酒席要攀比,连办丧事也要攀比!比谁家排场大、亲戚多,谁又请了几套戏乐、花鼓,葬礼不再是逝者的哀悼会,而是吃喝玩乐的派对。种种现象来看,农村道德建设迫在眉睫。

2. 要传承优秀传统文化

例如,乡贤热爱家乡造福桑梓的传统、邻里守望相助的传统、村民敬老爱幼的传统等,所有这些都蕴含着积极健康的价值观,如何运用这些价值观强化广大村民的集体意识和行为,需要加强农村精神文明建设。大力弘扬和践行社会主义核心价值观,发挥道德的引导作用,积极发扬农村传统文化品德,倡导为他人服务的集体主义价值观;还要开展移风易俗行动,加强农村思想道德建设,摈弃和打击庸俗文化、低级文化、色情文化等不健康的文化因素,积极监管和取缔打牌赌博、封建迷信、邪教信仰等不健康的文化活动,引导农民积极向上,努力提升农民精神风貌,让文明新风滋润乡村大地,使乡村文化重新绽放绚丽异彩,吸引更多的人回到乡村、建设乡村、繁荣乡村。

3.将"德"衍化为群众的自觉行动

培养高尚的道德是移风易俗、践行社会主义核心价值观的第一步。要从讲、看、听、行入手,着力让"德"融入群众的精神世界,衍化为群众的自觉行动。讲,让德无处不在。"领导干部带头讲、宣讲小组巡回讲、农村喇叭经常讲、新兴媒体随时讲"等多种宣讲方式并行推进,使宣讲做到理论深刻又通俗易懂,有力增强群众的价值判断力和道德责任感。看,让德触目可及。在显要位置设置靓丽醒目的大型道德公益广告展板,彰显厚德文化;在城区以打造核心价值观一条街为重点,大力宣传、引导人们崇德向善;在乡村以道德为主题,绘制富含历史底蕴的文化墙,打造一道文化长廊。听,让德声声入耳。全县各单位、各乡镇开办"道德大讲堂",结合各自工作,围绕孝、仁、善、贤讲德传德并改进工作;乡村要全部开办"农村道德讲习所",通过"身边人讲身边事、身边事育身边人"传道育德,讲授移风易俗知识,使群众学有榜样、赶有目标。行,让德如影随形。促落实要求,创新教育载体。要于细微处传德、于默化中行德,推进乡风文明建设。

(二)强化公共文化建设,走文化兴盛之路

乡村文化振兴,需要推动公共文化建设,以社会主义核心价值观为引领,深入挖掘优秀传统农耕文化蕴含的思想观念、人文精神、道德规范,培育挖掘乡土文化人才,弘扬主旋律和社会正气,改善农民精神风貌,提高乡村社会文明程度,焕发乡村文明新气象。"仓廪实而知礼节",物质文明的进步需要精神文明同时跟上。实施乡村振兴战略,乡风文明不能落伍。而如何建设乡风文明,营造淳朴友善乡村文化,是新时代的新课题。

乡风文明骨子里继承和渗透了传统文化,这个与生俱来的基因是人所共知的事实。今天我们正在进行和深化的乡风文明建设,当然应该从传统文化中汲取营养,不断激活其中的有益成分,使之服务于社会主义新农村建设。激活传统文化,滋养文明乡风,关键在于创造性转化、创新性发展。

乡风文明本身就是中华优秀传统文化的重要组成部分,为弘扬中华优秀传统文化提供了一个传承载体。在中国传统的乡村治理中,形成了"皇权不下县"的社会治理结构,自古以来,乡村就是依靠传统道德观念、村规民约自治系统进行治理,形成很多道德教化,乡风文明得到彰显。随着城镇化进程的加快,人才、信息、技术、文化等在城乡之间快速流动,一些低俗的文化反而在部分农村地区快速膨胀,金钱观念变得越来越重,人情往来变得越来越淡薄,原来的邻里互助变成了有偿服务,人情往来变成了金钱往来,有的兄弟、父子甚至为了利益大打出手等。对生产的发展也成了竭泽而渔,田毁了、树砍了、塘填了……生态文明不断被破坏。在当前的历史条件下,中国的乡村治理体系是法治前提下的乡村自治模式。但很多事仅靠法律的约束是远远不够的,所以,要坚持依法治国和以德治国相结合。而随着社会的发展和经济的增长。在公共场所中大声喧哗、排队不遵守秩序、随地吐痰、"出口成脏"等现象还是屡见不鲜。值得欣慰的是,随着新农村建设进程的不断推进,各个乡村地区逐渐出现了很多新礼仪,并且不断在农村地区流行。如山东费县为了积极营造移风易俗的良好氛围,对殡葬实施了改革,主要包括四项内容:一是倡导简办丧事,反对乱埋乱葬和铺张浪费,提倡以科学、健康、文明的方式告慰逝者;二是倡导移风易俗,鼓励文明祭扫,要求文明、低碳祭祀,不可在林地、山地、水源地、景区焚烧冥纸;三是倡导厚养薄葬,弘扬传统美德,提倡从俭治丧,文明祭祀;四是鼓励积极参与革命先烈扫墓、网上祭奠英烈等活动,缅怀革命先烈。虽然起初执行农村殡葬制度改革难度较大,但是通过当地治丧委员会和村党支部书记的不懈努力,逐渐得到了群众的理解和支持,确保了所有丧事均按照标准执行。

1. 要加强农村文化基础设施建设,不断丰富农村公共文化活动

重视乡村社会文化基础设施建设,就需着力推进乡村社会文化站、文化广场、农家书屋、农民体育健身、民俗博物馆、农村文化综合服务中心等文化设施建设;还要将乡风文明建设与群众文化活动紧密结合起来,落实国家送戏下乡、送书下乡、

送电影下乡等活动,不断丰富群众的文化生活,推动乡风文明传播,将乡村建设成为广大农民群众的精神家园、人文家园、和谐家园。丰富文化活动载体,弘扬农村优秀传统文化,可以更好地满足人民群众日益增长的精神文化需求。乡村文化振兴的突破口在于,瞄准重点人群,聚焦突出问题,回应现实需求。乡村社会的重点人群是常年在村的老弱妇孺群体,也就是俗称的"三留守"人员。他们是乡村社会中相对弱势的群体,与外出务工经商的青壮年群体又有着紧密的社会关联。他们有丰富的闲暇时光,旺盛的文化生活需求,他们的精神面貌和文化生活质量直接关系到其他群体的生活品质乃至人生预期,并直接影响着乡村社会的文明程度。以他们为重点人群,乡村文化建设就有了实实在在的抓手和载体。他们的需求便是最需要回应的需求,他们反映的问题便是最突出的问题。最主要的两点:一是从具体的移风易俗入手,遏制赌博、大操大办、低俗仪式等歪风邪气,弘扬积极健康的文化风气;二是通过基层组织将老人、妇女等组织起来,自己动手开展形式多样的文化活动,丰富闲暇生活,彻底改变农民有钱有闲却没意思的精神文化生活的匮乏状况,从根本上阻断低俗文化甚至邪教传播的渠道。按照有规划、有标准、有硬件、有内容、有队伍的目标,健全农村公共文化服务体系,按照片区化建设的思路,统筹临近乡村资源,进一步推进农村基层综合性文化服务中心建设,实现农村公共文化服务全覆盖,不断提升服务效能,优化服务质量。深入推进文化惠民,积极打造文化服务品牌,公共文化资源向乡村倾斜,提供更多更好的农村公共文化产品和服务。围绕乡村振兴战略,支持和鼓励相关题材的文艺创作,创造更多更好的弘扬时代旋律、反映农民心声、贴近农村实际、贴近农民生活的优秀文艺作品,丰富农民的文化生活,提振农民群众的精神面貌。通过实施一系列公共文化建设工程,促进街道文明程度的全面提升和各项事业的稳步推进。

2. 要以弘扬优秀传统文化为依托

优秀传统文化资源是培育文明乡风的土壤。要积极开展各种乡村文化节庆活动,打造特色乡村文化品牌,在保护传承的基础上,创造性转化、创新性发展,不断赋予优秀传统文化时代内涵、丰富表现形式;加强对优秀传统文化的整合利用,深入挖掘其中蕴含的优秀思想观念、人文精神、道德规范,充分发挥其在凝聚人心、教化群众、淳化民风中的重要作用;深入开展"我们的节日"主题活动,利用重要传统节日开展民俗文化活动,让人们在感受乡情中传承优秀文化、弘扬文明新风。乡村社会自身蕴藏着许多优秀传统文化,只要精心发现和用心开发,并加以创造性转化和创新性发展,农村精神文明建设的空间就能变得更加宽广。

3. 要突出文化共享,开展丰富的群众文化活动,打造乡村文化聚合体与乡风文明新引擎

我们要紧紧围绕"用文化养人,以道德育人"的主题,打造村级文化堡垒、精神文明建设高地。一是夯实"文化小康"建设硬件基础,突出"文化共享"理念。二是以丰富的文化活动浸润群众心田,有效促进优秀传统文化浸润心灵、涵养人的精神内涵。三是有机融入社会主义核心价值观宣传,围绕加强"中国梦"宣传教育、培育和践行社会主义核心价值观等主题,结合乡村资源与特色,绘制一批贴近生活、导向鲜明、新颖活泼、群众喜闻乐见的"美德文化墙",使广大群众在潜移默化中得到熏陶,精神文化生活更加丰富多彩,脱贫致富路上更有奔头。

文化作为一种基本、深沉、持久的力量,为乡村振兴战略提供了精神激励、智慧支持和道德滋养。持续培育和践行社会主义核心价值观,有利于传承弘扬农村优秀传统文化、强化公共文化建设、走好乡村文化兴盛之路、不断提升农民的精神风貌和乡村社会文明程度。

三、传承中华优秀传统文化

"暧暧远人村,依依墟里烟。狗吠深巷中,鸡鸣桑树颠。"这不仅仅是千百年前五柳先生对令人怡然陶醉的田园生活景象的描写,其实也更是今天人们对乡村生活的美好向往和未来愿景。

(一)弘扬优秀传统文化是乡村振兴的必然要求

1. 乡村文化振兴是实施乡村振兴战略的题中之义

乡村振兴的总要求是"产业兴旺、生态宜居、乡风文明、治理有效、生活富裕"。要围绕破解人民日益增长的美好生活需要和不平衡不充分的发展之间的矛盾,既

接续千年乡村文脉,又创造符合新农村、新农民特点的文化,就要着力满足乡村群众品质更高、样式更丰富的文化生活需求,加快缩小乡村与城市文化内容、共享方式、参与途径等方面的差距,实现城乡公共文化服务均等化、一体化,以文化的繁荣兴盛来推动乡村振兴。

2. 弘扬优秀传统文化是实现乡村文化振兴的重要路径

在乡村振兴战略中,对思想文化工作提出了四项具体任务,其主要内容如下:

(1)以社会主义核心价值观为引领,采取符合农村特点的有效方式,大力弘扬民族精神和时代精神。

(2)立足乡村文明建设,在保护传承的基础上,推动优秀传统文化创造性转化、创新性发展。

(3)健全乡村公共文化服务体系,公共文化资源要重点向乡村倾斜,提供更多更好的农村公共文化产品和服务。

(4)广泛开展群众性精神文明创建活动,丰富农民群众精神文化生活,提高农民科学文化素养。

3. 立足传统工艺振兴,推进创造性转化、创新性发展,带动农村变美、农民致富

传统工艺,具有历史传承和民族地域特色、与日常生活联系紧密,是创造性的手工劳动和因材施艺的个性化制作。传统工艺在形成发展过程中不是一成不变的,必须坚持创造性转化、创新性发展的方向,传承与发展传统文化,涵养文化生态。要通过传统工艺的振兴,更好地发挥手工劳动的创造力,发掘手工劳动的创造性价值,促进就业,实现精准扶贫,增强传统街区和村落活力,带动农村变美、农民致富。

4. 立足乡村文明建设,弘扬传统民俗,丰富节日文化,树立文化自信

传统民俗是中华文化历久弥新的见证,也是今天我们固本开新的精神动力。要以中国特色社会主义新时代这一历史方位为出发点,大力弘扬传统民俗中的爱国主义精神和伟大民族精神,积极倡导文明、和谐、喜庆、节俭的节日理念,努力发展健康向上的节庆文化。吸收精华、剔除糟粕后的传统民俗,是弘扬和培育乡风文

明的重要载体,是满足人们精神文化生活需要的重要渠道。

(二)把优秀传统文化作为乡风文明之源

根据《中共中央国务院关于推进社会主义新农村建设的若干意见》,"乡风文明"主要指的是乡村文化的一种状态,是有别于城市文化,也有别于以往农村传统文化的一种新型的乡村文化。它表现为农民在思想观念、道德规范、知识水平、素质修养、行为操守以及人与人、人与社会、人与自然的关系等方面。

继承和发扬民族文化的优良传统,摒弃传统文化中消极落后的因素,适应经济社会发展,不断有所创新,并积极吸收城市文化乃至其他民族文化中的积极因素,以形成积极、健康、向上的社会风气和精神风貌。适应社会的发展要求,能否打造美丽乡村,乡风文明建设具有举足轻重的作用。乡风文明的本质是弘扬社会主义先进文化、保护和传承中华优秀传统乡土文化。乡风文明是乡村振兴的保障。要不断提升农民的思想道德素质和科学文化素质,提振精神风貌,不断提高乡村社会文明程度,着力培育文明乡风、良好家风、淳朴民风。

建设乡风文明既是乡村建设的重要内容,也是中国社会文明建设的重要基础;乡风文明不仅是反映农民对美好生活的需要,也是构建和谐社会和实现强国梦的重要条件。乡村振兴,乡风文明是重要组成部分,更是重要保障。乡村文明其实就是社会主义精神文明在农村的具体化。在推动乡风文明建设过程中,必须坚持物质文明和精神文明一起抓,提升农民精神风貌,培育文明乡风、良好家风、淳朴民风,不断提高乡村社会文明程度。

实现乡风文明,农村思想道德建设是基础。国无德不兴,人无德不立。乡村振兴发展,更需要以农村整体思想道德水平的提升做基础,从农民群众日常生活中找准思想的共鸣点和情感的交汇点,培养教育正确的道德判断和道德责任,引导形成积极的道德意愿和道德情感,把社会主义核心价值观内化成农民群众的思想自觉和行为自觉。

实现乡风文明,传承优秀传统文化是关键。中华文明源远流长,历久弥新,孕育了丰富而宝贵的优秀传统文化。当前,广大农村依然保留着许多历史风俗和文化传统,充分保留地方地域特色,在扬弃中传承仁爱、忠义、礼和、谦恭、节俭等中华优秀传统文化,并阐释赋予新的时代价值和时代意义,主动让农村优秀传统文化与现代乡风文明发展融合一致,做到传承致远。

(三)优秀传统文化涵育现代文明乡风

文化的主体是人,乡村文化的主体是农民。乡村经济发展使农民的精神文化需求开始上升,但随着城市化的进程加快和乡村经济的冲击,传统乡村文化的传承出现断裂,许多乡村壮劳力开始逃离农村到城市谋求创业发展,逐渐非农化,留守在农村的只剩下老人、儿童和部分妇女,他们很难肩负起文化传承的重担,很多传承已久的乡村物质和精神文化后继乏力。调查发现,许多乡村的所谓传统文化就是老年人的寺庙活动,传统的节日祭祖、婚丧嫁娶、动土上梁等传统仪式逐步被简化,传统的建筑、服饰、刺绣、剪纸等工艺后继无人。有些乡村老艺人身怀绝技,也想把自己的技艺传承下来,可是因为资金等原因,再加上没有政府的大力支持,其个人力量终究有限,所以,这些物质的和非物质的文化遗产,都只能在人们的惋惜声中没落于历史长河里。有些民俗文化技艺、手工生产、产量无法和机器相比较,作坊式的生产模式根本不具备竞争力。只有为这些特殊的文化传承和技能设立一种保护机制和量身定制的宣传策略,才会给这些技艺带来复苏和传承,也会给这些民俗文化传承带来勃勃生机。

中华优秀传统文化是中华民族独特的精神标识和中华民族生生不息、发展壮大的丰厚滋养,对延续和发展中华文明、促进人类文明进步,发挥着重要作用。今天,中国经济社会深刻变革、对外开放日益扩大、互联网技术和新媒体快速发展,各种思想文化交流交融交锋更加频繁,对中华文化提出了严峻挑战。能不能守住中华文化的根基,增强中华民族的文化自觉和文化自信,是我们面临的迫切任务。需要我们进一步深化对中华优秀传统文化的认识,深入挖掘其价值内涵,激发优秀传统文化的生机与活力,用中华优秀传统文化铸造中华民族之魂。

1. 保护传承农村优秀传统文化

中国文化的本源是乡土文化,中华文化的根脉在乡村,乡土、乡景、乡情、乡音、乡邻、乡德、节日、饮食、民俗、民歌等构成了中国的乡土文化,也使乡土文化成为中华优秀传统文化的基本内核,成为不可磨灭的乡村符号。在实施乡村振兴战略过程中,要把地域文化作为提升内涵的灵魂进行精准定位、深入挖掘,让乡村更具魅力。

(1)深入挖掘农村传统道德教育资源,充分发挥家规家训、村规民约在教化民风、熏陶民众和文化传承中的独特作用。

(2)要把当地传统文化融入村庄规划建设的全过程,充分发掘乡土文化资源,尤其是对旧民宅、名木古树、民俗文化、文化遗产等发掘保护的规划设计,发掘每个村的人文、生态特色内涵,打造文化长廊、文化团队、文化活动、文化产业品牌,搞好"一村一特色、一村一品牌"规划设计。要加大对农村传统村落、古建筑、古树木和文化遗产等的普查、宣传和保护力度,使其与乡村建设相互辉映、相得益彰,充分彰显文化魅力,让居民望得见山、看得见水、记得住乡愁,让乡村留得住人。支持农村地区优秀戏曲曲艺、少数民族文化、民间文化传承发展。发掘本地特有的文化资源,牵头组建一些民间文艺演出队伍,并引导他们利用农闲时节进行"文化走村串户",开展特色文化活动。要把当地的文化遗产和民俗文化融入乡村建设,建立非物质文化遗产演示馆,加强传承、演示人员的培训,支持、扶助演示馆向村民、游客开放。加强与学校、企业的合作,对非物质文化遗产进行研究、创意开发,把非物质文化遗产及其资源转化为文化产品。

(3)在村庄建设中,要尊重历史记忆,对于有景观价值和文化底蕴的旧民宅及古树名木等历史遗存,应予以保留保护。在民居外部改造上严格按照地方风格和特色进行打造,在内部装修上要融合现代生活方式,实现传统风貌与现代设施的有机统一。

2. 构建优质农村公共文化服务体系

一是硬件建设。以公益性、基本性、均等性、便利性为原则,以政府为主导、公共财政为支撑、公益性文化单位为骨干、农村居民为服务对象,切实保障农村群众基本文化权益。按照有标准、有网络、有内容的要求,加强广播电视村村通、乡镇综合文化站、农村电影放映站、农家书屋等文化惠农工程建设,健全乡村公共文化服务体系,实现乡村两级公共文化服务全覆盖。

二是软件建设。要加强乡村文艺创作、文艺编导、文艺演出、文化管理等专业人员的培训培养。举办农民书画展、摄影展、农村非物质文化遗产展演、文艺汇演、体育赛事等,为农民群众搭建展示自我的平台。鼓励农村群众以传统文化、当地风俗、美丽乡村为主题,自编、自导、自演文艺作品。要为乡村提供更多更好的公共文化产品和服务,创作更多反映农村新风貌的文艺作品。乡风文明无法速成,要靠久久为功去养成,这就需要挖掘农村本土文化人才,鼓励引导各界人士投身乡村文化建设,形成一股新的农村文化建设的力量,达到优秀传统文化孕育文明乡风的终极目标。

四、建立促进乡风文明的体制机制

自新中国成立以来的几十年时间,中国广大农村的文明风貌呈现出了翻天覆地的变化,而如此体现乡风文明新风貌的细节背后,离不开中国深耕数年的农村乡风文明建设。乡风文明是乡村振兴战略的重要内容,实施乡村振兴战略,实质上是在推进融生产、生活、生态、文化等多要素于一体的系统工程目前,中国仍在努力探索出一套让城乡文明程度和居民素质同步提升、吸引人人参与创建乡风文明活动、保持创建乡风文明生机与活力的体制机制。正如"一树新栽益四邻",这套体制机制将汇聚成一股内生动力,为扎根在中国广袤农村地区的乡村文明之木提供源源不断的营养,使其枝繁叶茂、植被成林,最终惠及中华儿女。

农村乡风文明体制机制的建设是一项系统工程,工作千头万绪,涉及方方面面。针对中国观阶段农村乡风文明体制机制建设中可能存在的问题,借鉴发达国家乡风文明体制机制建设的成功经验,建设生产发展、生活宽裕、乡风文明、村容整洁、生态良好、人与自然和谐相处的社会主义新农村,必须建立和完善管理体制,加强组织领导和统筹协调,形成齐抓共建的工作格局;必须建立和完善工作机制,加大指导和考核力度,化虚为实,大处着眼、小处着手,实现工作的有力有效推进。

(一)建立和完善管理体制

建立党委统一领导、党政齐抓共管、部门大力支持、村(居)组织发动、群众积极参与的农村乡风文明建设管理体制。具体由区新农村建设领导小组领导,区农办牵头,区精神文明建设委员会指导,区文广新局、农口和群团等与农村乡风文明建设相关的职能部门支持,乡镇宣传统战委员、村(居)党组织负责。区农办负责制定各职能部门支持农村乡风文明建设的目标考核办法,纳入区委、区政府对这些部门的年度重点工作考核内容,具体到每个部门每年做哪些工作、完成哪些指标。区文明办负责制定街道镇乡农村乡风文明建设的年度工作目标考核办法,明确街道镇乡在农村乡风文明建设中加强组织领导、进行政策引导、推进载体建设、开展创建试点等具体要求,并配合区农办,每年对农村乡风文明建设工作情况进行考核评比,对先进典型进行表彰奖励。

(二)建立和完善投入机制

农村乡风文明建设,关键要调动农民群众的积极性,切勿由政府包揽。事实证明,群众不热心,政府花再大的力气、投再多的资金、建再好的设施,作用都不大。但政府的投入又是必要的,需要通过政府投入起到引导和推动作用。一方面,按照一级财政一级事权的原则,建立与农村乡风文明建设相适应的财政投入体制机制;另一方面,将部门项目资金切块一部分,归口区农办统筹,并由区财政建立专户,作为农村乡风文明建设配套奖励资金。制定配套奖励资金的使用办法,按以奖代补的方式,为农户建设基础设施、改善生活环境给予补助,对农村组建文化队伍、开展文化活动进行奖励,最终按区里奖励一点、乡镇解决一点、农民自筹一点的办法,解决农村乡风文明建设资金问题。同时,开展城乡共建活动,动员组织机关、企事业单位和各级文明单位与村镇结对帮扶,做到资源共享、优势互补、城乡携手,共同发展。

(三)建立和完善创建机制

文明需要养成,创建依靠机制。加强农村乡风文明建设,必须建立和完善相应的"乡风文明"建设机制,建立评比表彰制度。深入生活、立足现实、依靠群众、服务群众,用农民群众熟悉的语言、身边的事例、喜闻乐见的形式、容易接受的办法,广泛开展各种创建活动,运用评比表彰奖励的手段,激发群众的荣誉感,引导群众在创建活动中自我教育、自我提高。推进星级文明户、文明院落、文明村(居)创建活动,帮助农民消除封闭、保守、落后观念,树立正确的荣辱观、道德观,培养遵纪守法、科技致富、文明卫生、优生优育、团结和睦等意识。推进"家庭美德"评议活动,评选"好媳妇""好公婆""好夫妻",弘扬家庭传统美德。推进以"欢乐新农村"为主题的村民文艺体育活动,丰富群众精神文化生活。推进"向老人尽孝心""向留守儿童献爱心"活动,让老人安享幸福晚年,让农村留守儿童身心健康成长。

(四)建立和完善法制机制

从某种程度上来说,养成优秀的农村乡风文明是政策管出来的、法律规范出来的。用优秀的中华传统文化来治理中国乡村,并不是就意味着我们不需要法治。在任何时候,德治都需要依靠法治作为保障。十九大报告强调,全面依法治国是国家治理的一场深刻革命,必须坚持厉行法治,推进科学立法、严格执法、公正司法、全民守法。近年来,中国农村的法治建设工作在不断强化,但仍存在着很多薄弱环节。例如,一些人的法治意识淡薄、法律意识水平低等。在个别农村,因涉及土地收益分配、征地拆迁补偿、扶贫专项补助等产生的利益冲突,甚至引发家族械斗、群体性上访等事件屡见不鲜,这些都需进行依法管理、依法打击,在农村地区建立和完善相关有效的法制机制。

(五)建立和完善组织机制

矢志不渝地加强党的组织机制建设,是构建农村乡风文明的法宝之一。而抓好基层党建,是乡风文明体制机制建设的最本质抓手。我们要以提升农村基层组织力为重点,突出乡风文明建设过程中党的政治功能,把企业、农村、机关、学校、科研院所、街道社区、社会组织等基层党组织建设成为宣传党的主张、贯彻党的决定、领导基层治理、团结动员群众、推动改革发展的坚强战斗堡垒。这就需要我们在建设乡风文明的过程中,党的基层组织牢牢掌握意识形态工作领导权,培育和践行社会主义核心价值观,深入挖掘中华优秀农村传统文化蕴含的思想观念、人文精神、道德规范,结合时代要求继承创新,在农村形成向上向善、尊老爱幼、邻里互助的良好社会风气。

通过促进农村乡风文明建设的体制机制,进一步推进中国农村乡风文明建设,逐步将广大农村建设成为"生产发展、生活宽裕、乡风文明、村容整洁、生态良好"的和谐家园。

由此,促进乡风文明的体制机制建设,要靠政府引导,更要靠广大乡村人民的自觉践行。政府是乡风文明体制机制建设的重要推动力量,需要加强政府的引导、动员和扶持作用;同时,也需要充分发挥农村基层党组织的战斗堡垒作用和核心作用,高度重视农村干部的推动作用;乡村人民是乡风文明建设的主体力量,需要充分发挥村集体和农民主体作用;还需要深化体制机制改革,不断完善全覆盖的乡风文明机制建设监管体系;最后要积极搭建与城市党政机关、企事业单位、大专院校、社会团体以及新经济组织和新社会组织有机融合的平台来共建乡风文明,通过动用社会各方面的力量来帮助乡村改善文化条件,发展各种服务,进而实现现代乡村文明新秩序。

第七章 加强农村民生建设

加强农村民生建设旨在坚持人人尽责、人人享有,围绕农民群众最关心最直接最现实的利益问题,加快补齐农村民生短板,提高农村美好生活保障水平,让农民群众有更多实实在在的获得感、幸福感、安全感。

第一节 完善农村产业振兴体系

产业振兴是乡村振兴的基础。构建乡村产业体系,要围绕全面建成小康社会目标和"四化同步"发展要求,坚持以农为本、协调联动、融合发展,以全面提高乡村人口承载力、产业竞争力和可持续发展能力为方向,充分利用农村特有的资源优势、人文条件、生态风光,以现代农业为基础,借鉴和运用工业化理念和方式,加快农村一、二、三产业融合,形成适应市场需求、产业链完整、功能业态多样、利益联结紧密、产村融合协调的发展格局。

一、现代种养业

种养业是乡村的主体产业,是乡村基础价值的体现。现代种养业发展,要超越传统农业单一粗放的生产经营方式,按照农业供给侧结构性改革要求,在确保国家粮食安全的基础上,紧紧围绕市场需求变化,以提高农产品供给质量为主攻方向,优化产业产品结构,统筹调整粮经饲种植结构,发展规模高效种养业,做大做强特色优势产业,优化区域布局,全面提升质量安全水平。

(一)粮食产业

粮食产业是稳民心安天下的基础性战略性产业,而且水稻生产兼备湿地功能、生态价值。稳定粮食生产、发展粮食产业,提高粮食供给质量、确保粮食安全,是构建乡村产业体系的基础和基本任务。

1. 稳定提高生产能力

深入实施藏粮于地、藏粮于技战略,落实最严格的耕地保护制度。划定粮食生产功能区,做好所有地块建档立册、上图入库,实行信息化精准管理推行功能区内经营用地承诺制。实施好标准农田质量提升和粮食生产功能区提标改造,努力改善农田质量条件,提升地力。

2. 优化生产结构

稳定水稻、小麦生产,确保口粮绝对安全,重点发展优质稻米、强筋弱筋小麦,调减非优势区籽粒玉米,增加优质食用大豆、薯类、杂粮杂豆等。大力推进良种制(繁)种及基地建设,充分调动农民生产水稻、小麦良种的积极性,稳定水稻、小麦生产种源,扩大良种覆盖面。

3. 扩大先进科技应用

推进统一育插秧、病虫害专业化统防统治、测土配方施肥等适用技术推广,推广应用粮经结合、水旱轮作、农牧结合等高效农作制度和生态种养模式。推进粮食生产领域全程机械化,深化农艺农机融合。组织粮食作物高产创建、示范创建,发挥好示范创建引领作用。

4. 创新规模经营机制

推进粮食生产功能区内连片集中流转土地,培育种粮大户、家庭农场、农民专业合作社(联合社)和社会化服务组织等新型主体,发展多种形式的粮食适度规模经营、全程机械化作业和社会化服务。实行储备粮生产订单计划,开展省际、产销区间、产粮用粮主体间合作,构建粮食全产业链,形成粮食开放合作新格局。

(二)畜牧业

畜牧业发展事关食品有效供给、农业生态循环、农民持续增收。要按照生态优先、供给安全、结构优化、强牧富民的思路,稳定生猪生产,优化南方水网地区生猪养殖布局,引导产能向环境容量大的地方和玉米主产区转移,大力发展牛、羊等草食畜牧业。全面振兴奶业,引导扩大生鲜乳消费。大力推进畜牧业规模化、生态化、标准化、特色化和产业化发展，走出一条产出高效、产品安全、资源节约、环境友好的现代畜牧业发展之路。

1. 用生态循环改造

依据资源禀赋和发展基础，完善产业布局和特色精品发展规划，加快推进农牧结合生态循环养殖。改造提升现有畜禽规模养殖场，提高畜禽排泄物资源化利用水平。对区域内畜产品产量、有机肥需求量、农村环境质量进行综合平衡，实现畜牧业与农业农村协调发展。

2. 用规模经营提升

深入推进畜牧业标准化建设，提升规模化和特色化发展水平。通过机制创新和产业融合，建设一批区域优势突出、地方特色鲜明、集聚规模显著、标准化生产程度高、品牌经营强的特色精品产业。培育带动力、竞争力强的龙头主体和产销联合、利益共享的合作组织。

3. 用科技创新支撑

引导研发畜牧业清洁化生产、排泄物资源化综合利用和重大动物疫病综合防控等新技术、新装备，培育畜禽新品种，研发新兽药、新饲料和饲料添加剂，加大先进适用技术示范推广力度。建成畜牧兽医主体地理信息系统，健全动物标识及动物产品追溯系统，提升畜牧兽医系统行业管理、监督执法和服务主体信息化水平。

4. 用监管服务保障

完善动物防疫基础设施，充实基层监管力量，加强关键环节监管。探索建立政府补助、企业运行、保险联动的病死畜禽无害化处理新机制，探索其他畜禽的保险联动机制，确保不发生区域性重大动物疫病、重大畜产品安全事故和流域性漂浮死猪事件。

(三) 渔业

渔业是水网地带乡村产业的重要组成部分。按照养殖业提质增效，一、二、三产业融合发展的方针、捕捞业（国内）压减产能、远洋渔业拓展，引领渔业转型升级。内陆地区大力推广循环水养殖（"跑道养鱼"）等节能减排、节地节水、环境友好型养殖模式;沿海地区发展浅海贝藻、鱼贝藻间养和全浮流紫菜养殖等碳汇渔业和深海网箱(围网)建设。实施鱼塘生态化改造、大水面增殖放流、稻鱼共生轮作减排等措施,划定水产养殖禁限养区,严厉整治乱用药、施肥养鱼、尾水直排等行为,降低养殖生产对水环境的负面影响。以渔业油价补助政策调整为契机,用市场化手段赎买渔船和功率指标,着力压减国内海洋捕捞产能,逐步实现海洋捕捞强度与渔业资源再生能力相协调。规范发展远洋渔业,积极稳妥库存鱿鱼等大宗远洋产品,持续增强远洋渔业市场竞争力和发展后劲。

(四)优势特色产业

地方特色优势农产品具有显著的地域性,在乡村产业振兴中具有独特作用。要充分利用地域、品种、资源和文化优势,大力发展特色农业,把地方土特产和小品种做成带动农民增收的大产业。优化农业区域布局,以主体功能区规划和优势农产品布局规划为依托,科学划定蔬菜瓜果、茶叶蚕桑、花卉苗木、食用菌、中药材和特色养殖等产业重点发展地区,并与现代农业产业园、科技园、创业园紧密结合。开展特色农产品标准化生产示范,建设一批地理标志农产品和原产地保护基地。积极发展木本粮油林等特色经济林、珍贵树种用材林、花井竹藤、森林食品等绿色产业。科学制定特色农产品优势区建设规划,建立评价标准和技术支撑体系,推动各地争创园艺产品、畜产品、水产品、林特产品等特色农产品优势区。

(五)现代种业

种业是一个国家和地区农业核心竞争力的重要内容,也是振兴农业产业的基础。一要切实保障国家种业安全,加强杂种优势利用、分子设计育种、高效制繁种等关键技术研发,培育推广适应机械化生产、高产优质、多抗广适的突破性新品种,健全园艺作物良种苗木繁育体系,推进主要农作物新一轮品种更新换代;二要建设畜禽良种繁育体系,推进联合育种和全基因组选择育种,加快本品种选育和新品种培育,推动主要畜禽品种国产化。提升现代渔业种业创新能力,建设一批水产种质资源保护库、种质资源场、育种创新基地、品种性能测试中心要加强种质资源普查搜集保护与评价利用。深入推进种业领域科研成果权益改革,鼓励支持科研人员多方式参与企业研发,推进科研成果转化,培育壮大"育繁推一体化"现代种业企业,带动技术集成创新、优良品种推广,推进种植业、养殖业结构调整,通过产业发展带动农民增收致富。

二、乡村工业

乡村工业发展要突出农业工业化方向农民参与性导向、农村适应性取向,按照集群化、园区化特色化、绿色化要求,优化结构布局,增强乡村工业对乡村产业的引领和支撑作用。

(一)农产品加工业

农产品加工业连接工农、沟通城乡,行业覆盖面宽、产业关联度高、带动农民就业增收作用强。要适应市场需求变化和产业升级趋势,推动农产品加工业从数量增长向质量提升、要素驱动向创新驱动、分散布局向集群发展转变,促进农产品加工业持续稳定健康发展。

1. 合理布局

根据全国农业现代化规划和优势特色农产品产业带、粮食生产功能区、重要农产品生产保护区分布,合理布局原料基地和农产品加工业。在大宗农产品主产区重点发展粮棉油糖加工特别是玉米加工,建设优质专用原料基地和便捷智能的仓储物流体系。在特色农产品优势区重点发展"菜篮子"产品等加工,推动销售物流平台、产业集聚带和综合利用园区建设。在大中城市郊区重点发展主食、方便食品、休闲食品和净菜加工,形成产业园区和集聚带。以县为单元建设加工基地,以村(乡)为单元建设原料基地。

2. 因地制宜,初精结合

围绕农产品产后减损增收,建设商品化处理全产业链,重点改善农产品产后净化、分等分级、烘干、预冷、保鲜、包装等的设施装备条件,以及购置运输、称重、检化验、污水处理等的辅助仪器设备。建设田头收贮设施,购置收贮及处理设备,提升产后农产品贮藏保鲜能力。在大中城市郊区建设一批农产品精深加工示范基地,开发多元产品,打造产业发展集群。推动副产物循环利用、全值利用和梯次利用,提升副产物附加值。

3. 加快发展绿色加工体系

加强国家农产品加工技术研发体系建设,建设一批农产品加工技术集成基地。大力发展绿色加工,引导建立低碳、低耗、循环、高效的绿色加工体系。支持农产品加工园区循环化改造,推进清洁生产和节能减排,引导企业建立绿色工厂,加快应用节水、节粮等高效节能环保技术装备。

(二)饲料工业

饲料工业是联结种养的重要产业,既是种植产品的加工业,又是养殖业的投入品,为现代养殖业提供物质支撑。我国饲料工业经过30多年快速发展,迫切要求加快供给侧结构性改革,实现发展动能转换。

1. 优化饲料工业布局

综合考虑养殖业发展趋势、环境资源禀赋、区位优势和现有产业基础等因素,区别加快发展区、稳定发展区、适度发展区,调整优化饲料工业布局,促进不同区域饲料加工业与种养业协调发展。

2. 保障饲料原料供应

稳定蛋白饲料原料供应,适度增加油菜籽等其他品种进口,加强合成氨基酸新品种应用。建设现代饲草料生产体系,推广草料结合的全混合日粮和商品饲料产品。持续推进秸秆饲料化利用,促进农副资源饲料化利用。

3. 发展安全高效环保饲料产品

加快发展新型饲料添加剂,稳定提高营养改良型酶制剂生产水平,加快研发新型酶制剂,加强药食同源类植物功能挖掘,开发饲用多糖和寡糖产品。研发推广安全环保饲料产品,发展能改善动物整体健康水平的新型饲料产品。

(三)农机装备产业

农业机械装备是发展现代农业、推动乡村振兴的重要物质基础。我国是世界第一农机制造和使用大国,农机装备产业发展,要按照"自主创新、加速转化、提升产业、全面发展"的要求,以创新驱动促进产业转型升级为核心,以市场主导和政府引导相结合为手段,着力扩大产业规模,着力提升创新水平。

1. 开发适用产品

适应农业生产规模化、精准化、设施化和全程机械化要求,优化农机产品结构。积极发展适合家庭经营需要的中小型、轻简化农机,形成高中低端产品共同发展格局。按照绿色化发展要求,开发生产高效节能环保、多功能、智能化、资源节约型农业装备产品。

2. 提升制造水平

加大农业装备企业技术改造力度,应用精密成型、智能数控等先进加工装备和柔性制造、敏捷制造等先进制造技术。完善农机产品质量标准体系,实现动力机械与配套农具、主机与配件的标准化、系列化、通用化开发生产。

3. 调整行业结构

完善产业组织结构,提升产业集中度和专业化分工协作水平。中小型企业走"专、精、特新"发展道路,培育一批零部件加工企业;通过优化重组、兼并,形成整机核心部件均能全程自主生产的龙头企业。

(四)肥料产业

肥料产业存在产能过剩、基础肥料品种发展不平衡、产品同质化严重、绿色有机肥料发展不足等问题。肥料产业发展要为农业绿色发展提供绿色无污染肥料,为农民提供个性化、多样化的套餐增值服务。推行测土配方施肥模式,在了解土壤养分等基本情况的基础上,有针对性地生产氮磷钾配比更科学、更符合土壤养分需求的肥料,同时把环境中蕴藏的养分充分利用起来。通过配方增加微量元素等方法,充分挖掘土壤微生物潜力,更好地发挥营养调控价值。充分利用植物秸秆、动物排泄物等有机质资源,通过物理形态改变、微生物发酵等方式,创新开发有机肥,并生产有机无机复混肥。适应农业专业化和社会化服务发展要求,肥料企业向后延伸服务,发展测土配方施肥、水肥一体化、施肥机械化等精准化便利化服务。

(五)农药产业

现代农药已步入超高效、低用量、无公害的绿色农药时代,新种植形态和生态理念对农药发展及其应用提出更高要求。要根据新的《农药管理条例》及我国农药行业发展现状,推动农药产业高质量发展。

1. 优化产业布局

加快农药企业向专业化园区集中,降低生产分散度。强化行业监管,健全公平公正行业准入政策,制止低水平重复建设,建立和完善重污染企业退出机制。组建大型农药企业集团,培育有国际竞争力的企业。

2. 深化品种结构调整

支持高效、安全、经济、环境友好的农药新产品发展,推动农用剂型向水基化、无尘化、控制释放等高效、安全的方向提升,发展用于小宗作物的农药、生物农药和用于非农业领域的农药新产品、新制剂。

3. 强化创新驱动

建设农药技术创新体系,加强共性关键技术和技术集成开发。加快成果转化,重点突破"三废"处理关键技术、环保型剂型开发技术、基于农药药物传递系统的环保农药剂型开发共性技术等。

三、乡村服务业

乡村服务业是指服务于农业再生产和农村经济社会发展,通过多种经济形式、多种经营方式、多层次多环节发展起来的一大产业,是现代服务业的重要组成部分。要适应乡村产业的兴旺需求和农村居民日益增长的美好生活需要,在加强政府公益性服务的基础上,积极培育经营性服务组织,鼓励种子、农机、农药生产企业延伸服务链,拓展服务内容,规范服务行为,推动乡村服务产业有序、健康、快速发展。

(一)农资配送服务

农资配送服务包括作物与畜禽水产种子种苗、化肥、农药等的配选服务。在种子种苗方面,由服务组织与"育繁推一体化"种业企业合作,在良种研发、展示示范、集中育秧(苗)、标准化供种、用种技术指导等环节向农民和生产者提供全程服务;开发包括种子供求、品种评价、销售网点布局等信息在内的手机客户端,为农民科学选种、正确购种提供服务;开展种子种苗、畜种及水产苗种保存、运输等物流服务。在肥药方面,积极发展兽药、农药和肥料连锁经营、区域性集中配送等供应模式。开展青贮饲草料收贮,推广优质饲草料收集、精准配方和配送服务。特别要重视发挥供销合作社在农资供应和资源配送上的主渠道优势,优化农资配送服务方式。供销合作社可在有条件的农民合作社设立农资供应网点,加强农资物联网建设与应用;与农民专业合作社、农产品行业协会等协作,开办"庄稼医院",建立智慧农资网络,承担政府向社会力量委托或购买的相关公共服务,提供农资配送等服务。

(二) 农技推广服务

农技推广服务涉及农民千家万户对粮食等大宗生产技术、公共性技术的需求,一般由政府农业公共服务机构直接提供或通过购买服务的方式由经营性服务机构提供。在作业内容上,开展深翻、深松、秸秆还田等田间作业,集成推广绿色、高产、高效技术模式。采用测土配方施肥、有机肥替代化肥等减量增效新技术,推进肥料统供统施服务,加快推广喷灌、滴灌、水肥一体化等农业节水技术。推广绿色防控产品、高效低风险农药和高效大中型施药机械,以及低容量喷雾、静电喷雾等先进施药技术,推进病虫害统防统治与全程绿色防控有机融合。动物防疫服务组织、畜禽水产养殖企业、兽药生产企业、动物诊疗机构和相关科研院所等各类主体,提供专业化动物疫病防治服务。促进公益性农技推广机构与经营性服务组织融合发展,基层农技推广机构通过派驻人员、挂职帮扶、共建载体、联合办公等方式,为新型经营主体和服务主体提供全程化、精准化和个性化指导服务。探索农技人员在履行好岗位职责前提下,通过提供增值服务获取合理报酬的新机制。构建农技推广机构、科研教学单位、市场化主体、乡土人才、返乡下乡人员等广泛参与、分工协作的农技推广服务联盟,实现农业技术成果组装集成、试验示范和推广应用的无缝链接。

(三) 农机作业服务

推进农机作业服务领域从粮棉油糖作物向特色作物、园艺作物、养殖业生产配套拓展，服务环节从以耕种收为主向专业化植保、秸秆处理、产地烘干等农业生产全过程延伸。加快应用基于北斗系统的作业监测、远程调度、维修诊断等大中型农机物联网技术，农机作业服务主体可利用全国"农机直通车"信息平台，及时掌握需求信息，加强信息交流，提高跨区作业服务效率。积极发展农机具维修服务，有效打造区域农机安全应急救援中心和维修中心，以农机合作社维修间和农机企业"三包"服务网点为重点，推动专业维修网点转型升级。在粮食生产功能区、重要农产品保护区、特色农产品优势区，支持农机服务主体以及农村集体经济组织等建立集中育秧、集中烘干、农机具存放等设施，为农户提供一站式服务。

(四) 农业废弃物资源化利用服务

鼓励通过政府购买服务的方式，支持专业服务组织收集处理病死畜禽。在养殖密集区推广分散收集、集中处理利用等模式，推动建立畜禽养殖废弃物收集、转化、利用三级服务网络，探索建立畜禽粪污处理和利用受益者付费机制。加快残膜捡拾、加工机械和残膜分离等技术装备研发，积极探索生产者责任延伸制度，由地膜生产企业统一供膜、统一回收。推广秸秆青（黄）贮、秸秆膨化、裹包微贮、压块（颗粒）等饲料化技术，采取政府购买服务、政府与社会资本合作等方式，培育一批秸秆收储运社会化服务组织，发展一批生物质供热供气颗粒燃料、食用菌等可市场化运行主体，促进秸秆资源循环利用。

(五) 农产品流通交易服务

加强产地批发市场建设，培育现代农业物流中心，在巩固提高现有大中型批发市场的基础上，探索绿色农产品直供、连锁配送、定点销售等营销机制，提供农产品预选分级、加工配送、包装仓储、信息服务、标准化交易、电子结算、检验检测等服务。完善农产品物流服务，推进农超对接、农社对接，利用农业展会开展多形式产销衔接。支持有资质的服务组织开展农产品质量安全检验检测，推动检测结果互认，提供准确、快捷的检测服务。基层农产品质量安全监管机构提供追溯服务，指导主体开展主体注册、信息采集、产品赋码、扫码交易、开具食用农产品格证等业务。以整合开发现有农业信息资源和健全农业信息服务体系为重点,建立延伸至农业龙头企业、农产品批发市场、中介组织和经营大户的信息网络,加强市场购销、价格等信息采集、分析和发布,建立健全市场引导生产、推动农业结构调整的机制。

(六)提升乡村服务业水平

搭建统一高效、互联互通的信息服务平台,加快建设和汇集各类农业重要基础性信息系统,为生产主体提供农产品生产状况、市场供求走势、资源环境变化、动植物疫病防控、产品质量安全以及服务组织资信等信息服务。全面实施信息进村入户工程,支持各类服务组织参与益农信息社建设,共用共享农村各类经营网点资源,为农民和新型主体提供公益服务、便民服务、电子商务和培训体验等服务。积极拓展服务领域,为农业农村发展提供基础设施管护、小额资金信贷等服务。

第二节 加强农村基础设施建设工作

继续把基础设施建设重点放在农村,持续加大投入力度,加快补齐农村基础设施短板,促进城乡基础设施互联互通,推动农村基础设施提档升级。

一、改善农村交通物流设施条件

以示范县为载体全面推进"四好农村路"建设,深化农村公路管理养护体制改革,健全管理养护长效机制,完善安全防护设施,保障农村地区基本出行条件。推动城市公共交通线路向城市周边延伸,鼓励发展镇村公交,实现具备条件的建制村全部通客车。加大对革命老区、少数民族地区、边疆地区、贫困地区铁路公益性运输的支持力度,继续开好"慢火车"。加快构建农村物流基础设施骨干网络,鼓励商贸、邮政、快递、供销、运输等企业加大在农村地区的设施网络布局。加快完善农村物流基础设施末端网络,鼓励有条件的地区建设面向农村地区的共同配送中心。

二、加强农村水利基础设施网络建设

构建大中小微结合、骨干和田间衔接、长期发挥效益的农村水利基础设施网络,着力提高节水供水和防洪减灾能力。科学有序推进重大水利工程建设,加强灾后水利薄弱环节建设,统筹推进中小型水源工程和抗旱应急能力建设。巩固提升农村饮水安全保障水平,开展大中型灌区续建配套节水改造与现代化建设,有序新建一批节水型、生态型灌区,实施大中型灌排泵站更新改造。推进小型农田水利设施达标提质,实施水系连通和河塘清淤整治等工程建设。推进智慧水利建设。深化农村水利工程产权制度与管理体制改革,健全基层水利服务体系,促进工程长期良性运行。

三、构建农村现代能源体系

优化农村能源供给结构,大力发展太阳能、浅层地热能、生物质能等,因地制宜开发利用水能和风能。完善农村能源基础设施网络,加快新一轮农村电网升级改造,推动供气设施向农村延伸。加快推进生物质热电联产、生物质供热、规模化生物质天然气和规模化大型沼气等燃料清洁化工程。推进农村能源消费升级,大幅提高电能在农村能源消费中的比重,加快实施北方农村地区冬季清洁取暖,积极稳妥推进散煤替代。推广农村绿色节能建筑和农用节能技术、产品。大力发展"互联网+"智慧能源,探索建设农村能源革命示范区。

四、夯实乡村信息化基础

深化电信普遍服务,加快农村地区宽带网络和第四代移动通信网络覆盖步伐。实施新一代信息基础设施建设工程。实施数字乡村战略,加快物联网、地理信息、智能设备等现代信息技术与农村生产生活的全面深度融合,深化农业农村大数据创新应用,推广远程教育、远程医疗、金融服务进村等信息服务,建立空间化、智能化的新型农村统计信息系统。在乡村信息化基础设施建设过程中,同步规划、同步建设、同步实施网络安全工作。

第三节 促进农村扶贫开发进程

贫困问题是中国经济社会发展中最突出的"短板"。《中共中央国务院关于实施乡村振兴战略的意见》明确提出,乡村振兴,摆脱贫困是前提。必须坚持精准扶贫、精准脱贫,把提高脱贫质量放在首位,既不降低扶贫标准,也不吊高胃口,采取更加有力的举措、更加集中的支持、更加精细的工作,坚决打好精准脱贫这场对全面建成小康社会具有决定性意义的攻坚战。

一、脱贫攻坚面临的挑战

当前,中国已进入脱贫攻坚战的关键阶段,但农村贫困人口基数依旧非常庞大,且脱贫难度越来越大,精准扶贫和精准脱贫工作仍面临很大挑战。

(一)需要脱贫人口总量庞大且自我发展能力严重不足

从剩余贫困人口结构看,深度贫困地区贫困人口和老年人单身者、懒人、精神障碍患者、残疾人、贫困儿童等特殊困难群体逐渐成为贫困人口主体。受多种因素的影响,他们的自我发展能力严重不足,未来他们的脱贫成本更高、脱贫速度减缓、脱贫难度更大,依靠常规举措也更难以摆脱贫困状况。

(二)区域性整体贫困程度较深但区域经济发展基础薄弱

当前,扶贫攻坚战遇到的一块"硬骨头"是深度贫困地区和人群的脱贫。这已不是农民(家庭)个体或单个村庄整体的贫困,而是整片区域由于地区差异、文化差异、资源匮乏或制度性资源转换不畅等多种原因造成区域经济发展落后而出现的区域性贫困。区域性贫困涵盖了大量村庄和个体性贫困,主要分布在中西部地区、山区边缘地区和少数民族地区。片区规划印发后,经过数年的发展,片区扶贫取得了明显成效,道路畅通、饮水安全等10项重点工作在加快推进。但区域性整体脱贫的难度越来越大,一些地区仍深陷深度贫困。

深度贫困地区的脱贫难度非常大,这是因为这些地区的自然条件恶劣、基础设施落后,区域间经济发展落差巨大,地区基本公共服务严重落后,产业发展难度很大。

(三)扶贫脱贫政策工具在实践中的"精准"难度非常大

"精准扶贫"的概念虽已非常普遍,其内涵和操作方式都非常明确,但政策落地却与理想设计仍有差距。解决"扶持谁?谁来扶?怎么扶?如何退?"的问题仍是精准扶贫面临的重大挑战。

(1)精准识别贫困对象难度大。在现实中,被确认为贫困户就有资格获取各类扶贫资源,这导致部分村庄存在贫困户轮流当的现象,个别村庄在贫困对象识别过程中出现"偏私",真正贫困的农户却当不上"贫困户"。再者,精准统计农民的一次性收入也比较困难,这也会导致贫困对象识别存在偏差。

(2)精准确定致贫原因有难度。从2013年开始,全国各地虽已对8 900万贫困人口建档立卡,但致贫原因被简单设计为因灾、因病、因残、因学、缺技术、缺劳动、缺资金、其他,分类过于简化,不利于详细分析致贫的深层次影响因素。

(3)精准帮扶政策工具的针对性急需提高。当前最主要的帮扶政策是产业扶贫,也是被大众赋予厚望并认为是长久"造血"的扶贫政策,但产业选择是否与当地的资源禀赋产业基础、种养传统、技术匹配等客观条件相契合,以及产业发展的方式、模式等是否为贫困群众所接受,这些都直接影响到产业扶贫的效果。

(4)精准扶贫的考核机制缺失,多种考核机制并存,给精准扶贫考核带来了极大的难度。另外,精准扶贫在实践中还可能存在领导干部"抓手难"、产业扶贫"判断难"、工作队员"填表难"、贫困家庭"配合难"等问题,特别是帮扶和被帮扶两类群体都需要花费大量精力去应对各种考核表,以致帮扶者的精力被分散,帮扶工作本末倒置,被帮扶者宁愿贫困也不会主动进入被帮扶序列。

二、精准扶贫经验与策略

当前,精准扶贫方式主要分为九种:特色产业扶贫、转移就业扶贫、金融扶贫、资产收益扶贫、易地扶贫搬迁、生态保护扶贫、健康扶贫、教育扶贫和兜底保障扶贫。其中,特色产业扶贫、转移就业扶贫、金融扶贫、资产收益扶贫直接着力于提高贫困人口的经济发展能力和收入水平；易地扶贫搬迁、生态保护扶贫着力于在扶贫中协调人与自然的关系；健康扶贫和教育扶贫着眼于长期贫困人口人力资本的提升，以从根本上提高他们的发展能力；兜底保障扶贫是指针对无法通过产业、就业等方式实现脱贫的家庭提供社会保障救济。

(一)特色产业扶贫

贫困户持续脱贫、防止返贫问题一直是落实精准脱贫工作的重中之重。精准扶贫政策实施以来，各地政府和扶贫公益组织积极探索立足地方资源条件、扶持地方特色产业以带动贫困人口稳定增收致富，主要形成特色产品产业、旅游产业、光伏产业，并将产业发展与"互联网+"有机结合，探索发展了电商扶贫模式。

1. 特色产品扶贫

围绕地方特色产品建设生产基地，逐步延长产业链，发展地方品牌的特色产品扶贫路径能够在发展产业中解决贫困人口的就业及增收问题，是精准扶贫的重要方式。山西夏县充分利用行政村先天自然条件，在地方干部带领下，围绕"一村一品一业"投入资金、引进技术、发展各色产业，如养鸡合作社、反季节大棚水果、树枝回收做板材等，贫困户深度参与，实现了集体经济收入"破零"。夏县在扶贫产业发展中注重挖掘弱势人口劳动潜力，提高贫困村农户的就业水平，引导贫困人口靠劳动脱贫。该县埝掌镇对残疾人开展香包手工培训，把技术引进来，使弱势群体有公平的就业环境和机会。这种方式为"转移支付式"的被动输血扶贫向"经营劳动型"的主动造血扶贫转变提供了很好的思路。

2. 旅游扶贫

中国很多贫困地区位于偏远、闭塞的山区，这些地区的交通条件较差，但往往自然环境较好、人们生活习俗各异，蕴含着丰富的旅游资源。中国农业大学李小云教授及其团队在云南西双版纳傣族自治州的勐腊县河边村，依托当地特色民俗旅游资源，开展了"瑶族妈妈"客房扶贫项目，具体承担了项目策划、宣传、联系客户、签订合同等主要工作，并常在现场负责具体接待工作。

3. 光伏扶贫

光伏扶贫是指在光照资源条件较好的贫困地区，由政府、企业、贫困户共同参与,因地制宜统筹建设光伏发电设施,并将全部或部分发电收益用于贫困人口稳定收入和增加收益,以达到精准扶贫目的的惠农工程。

4. 电商扶贫

在扶贫领域,各地努力探索特色农产品、手工艺品、旅游与"互联网+"结合的方式,拓宽了销售渠道,使产业与市场对接更加紧密;贫困人口可以通过电商货比三家,获得物美价廉的生产资料和生活用品;依托电商的发展,贫困地区的交通通信设施、物流设施也能得到相应改善,贫困人口的市场经济意识将逐步形成。

精准扶贫实施以来,特色产业扶贫发挥了贫困地区的资源优势,优化了产业结构,带动了贫困人口就业和持续增收。但当前特色产业扶贫中存在以下问题:第一,当前特色产业扶贫主要依靠政府推动,部分产业项目对市场规模和持续发展考虑不足。很多产业项目在发展前期由于政府支持力度大,项目能够快速上马,在短期内确实达到了快速增加就业、提高收入、致富脱贫的目的。但有的产业项目缺乏长远规划,不注意控制规模。产业项目能否有持续资金投入,产品能否获得市场认可、卖上好价钱,对这些潜在问题的风险考虑不足。第二,在扶贫产业发展中对发挥贫困人口自身的能动性重视不足。精准扶贫政策的实施,在短期内给贫困地区和贫困人口带来了有力的外部支持,这使很多扶贫项目短期效果显著。但这也会滋生贫困人口过分依赖外部支持,出现缺乏自我发展动力的倾向。李小云教授在开展"瑶族妈妈"客房扶贫项目中,就发现很多当地贫困户过分依赖外界扶持,"等、靠"思想严重。第三,光伏扶贫中存在降低维护成本与精准扶贫效果的矛盾问题。以户、村为单位发展分散电站能够更好地确保贫困户收益,但运营、维护成本过高。集中电站能够大幅降低运营、维护成本,是当前光伏扶贫的重点,但由于企业承担运营、维护工作,收益大部分流向企业,扶贫效果会大打折扣。第四,交通问题、品牌问题成为电商扶贫中的主要制约因素。很多贫困地区位置偏远、交通落后,生鲜农产品容易腐坏,很难通过电商实现远距离销售。贫困地区加工企业少、品牌建设滞后、产品缺乏质量保证,也限制了农产品加工品电商的发展。

(二)转移就业扶贫

通过农村贫困人口人力资源数据库建设、贫困劳动力职业培训、岗位推介和就业帮扶、跟踪维权等环节的各项工作,促进贫困人口就业增收既是精准扶贫的重要方式,也是优化城乡劳动力资源配置的有效途径。

河南安阳市从2016年起加大贫困人口转移就业工作力度,扎实开展了三项工作:

(1)建立贫困家庭劳动力台账。下发《关于开展建档立卡贫困家庭劳动力情况调查的通知》,各县深入贫困家庭对贫困家庭劳动力进行调查登记,详细掌握农村贫困家庭劳动力年龄结构、素质技能、就业意向、培训意愿等基本情况,建立农村贫困家庭劳动力数据库和实名制登记台账。

(2)对贫困村开展针对性劳动力培训。在征求贫困家庭劳动力培训意愿后设置培训专业并安排课时,对10个贫困村开展试点培训,培训专业主要为家政服务、蔬菜种植、烹饪、纺织服装等,每个培训班时间为3~5天。

(3)市劳务输出管理服务处、市职业介绍服务中心积极为贫困家庭劳动力提供就业岗位对接服务。通过"送岗位进贫困村"、开办专场招聘会等方式,将就业岗位与劳动力对接。

(三)金融扶贫

建档立卡工作实施以来,在《关于全面做好扶贫开发金融服务工作的指导意见》《关于创新发展扶贫小额信贷的指导意见》等政策的推动下,精准扶贫小额信贷逐渐在激发建档立卡贫困户内生动力,为其在发展生产、增收脱贫提供资金支持方面发挥重要作用。在实践中,精准扶贫小额贷款主要有两种方式:

1.直接支持方式

银行机构向符合条件的贫困户发放扶贫小额贷款,由贫困户自主使用,通过自主经营或者合作经营实现增收脱贫。直接支持方式是精准扶贫小额信贷的主要模式,但其在实践中主要有两大问题:一是将贷款直接发放给贫困户由他们自主使用,但是可能出现贫困户改变贷款用途,将生产性贷款用作生活支出,违背精准扶贫小额信贷的初衷;二是在一些贫困地区,农民缺乏发展相关产业的技能,政府对技能培训又不够重视,导致贫困户即使获得资金也难以发展相关产业。在山西五台县调研中发现,一些村庄贫困户获得精准扶贫小额信贷养羊,但由于防疫技术跟不上致使羊大量死亡,恶化了贫困户的经济状况。

2. 间接带动方式

贫困户与企业、合作社、家庭农场、能人大户等主体签订协议,这些主体使用贷款并按协议给贫困户分红,并在需要用工时优先考虑贫困户。山西夏县晋星集团是家集畜禽饲料研发生产、三黄肉鸡养殖、肉鸡屠宰、熟食加工原料贸易为一体的综合性民营企业。近年来,在夏县县委、县政府的推动下,该公司启动了精准扶贫养殖产业园建设。为了解决项目融资问题同时帮助贫困农户脱贫,在政府推动下该公司对接精准扶贫小额信贷,与贫困户签订协议,贫困户自主自愿向银行申请贴息贷款,吸纳198户贫困户的精准扶贫小额贷款融资990万元。企业每年按不低于15%的比例分红,并在律师公证下形成利益分配协议。间接带动式的精准扶贫小额信贷旨在解决贫困户由于自身能力不足或缺乏好的产业项目而不敢贷款的问题,为农业龙头企业缓解资金约束的同时,带动发展能力弱的贫困户增收脱贫。但在这一模式下,贫困户稳定增收必须以龙头企业有较好的盈利能力为前提,而龙头企业盈利能力又在很大程度上受市场影响。在夏县案例中,如果龙头企业盈利无法满足合同规定的15%的分红要求,分红协议将受到冲击或龙头企业将受损,而政府为贷款实施全额贴息也加重了财政负担。因此,要发挥间接贷款模式持续益贫效应,应该进一步优化利益分配机制,协调好贫困户、龙头企业、银行、政府各方利益。

(四)资产收益扶贫

多种途径增加贫困人口资产性收益,是促进贫困人口增收脱贫的重要方式。当前,贫困人口资产性收益主要包括三类:

(1)对于占用贫困地区集体土地发展的种养业、森林旅游业、矿产开发业等产业,贫困人口可按户或按人口分享产业发展收益;

(2)对于有条件的贫困地区,鼓励、支持贫困人口以资金、技术、设备与龙头企业、农民合作社等新型农业经营主体进行股份合作,形成利益共同体,从而实现股份到户、利益到人；

(3) 在易地扶贫搬迁中支持贫困人口将输入地商铺、诊所等营利性物业产权量化到户，发展物业经济，增加由乡进城贫困人口财产性收入。

当前，精准扶贫进入攻坚阶段，各地政府对贫困村的资金支持力度不断加大，如何有效使用政府扶贫资金是贫困村面临的突出问题。将政府给予贫困村的扶持资金入股于效益好的企业、农民合作社等经营主体，获得股份收益是使扶贫资金长期增值、促进贫困人口增收的可行途径。通过整合扶贫资金，合作社以可以接受的资金成本筹集了所需资金，同时，也为政府扶贫资金提供了可以稳定升值的投资渠道，提高了政府扶贫资金的利用效率。但这一模式的扶贫效果受企业、合作社经营效益影响较大，需要政府、贫困村集体密切关注企业、合作社的发展，确保扶贫资金的安全。

(五) 易地扶贫搬迁

中国地形复杂多样，山区面积广大，约占全国总面积的三分之二。山区地势崎岖、土壤贫瘠、交通闭塞，经济文化相对落后。特别是在一些深山区、石山区、高寒区、荒漠化区等，贫困与恶劣严酷的自然生态条件往往是共生的，生态环境脆弱、自然灾害多发使在生态贫困区实施原地扶贫难度变大，即使依靠各种外界力量实现脱贫，受自然生态条件的影响也极易返贫。易地扶贫搬迁是解决生态贫困问题的根本举措。易地扶贫搬迁，必然会使扶贫搬迁地区在短期内形成大量的"空壳村"。如何使搬迁后的农民实现稳定就业和稳定增收，如何有效利用这些地区的土地资源以及由当地居民和政府长期投资形成的水、电、路、房等设施，是易地扶贫搬迁中的突出问题。

作为全国扶贫开发工作重点县，山西左权县于2001年开始以易地扶贫搬迁作为扶贫工作的重点，并逐步探索形成了通过发展庄园经济，有效利用移民搬迁后的闲置资源发展相关产业，形成贫困户稳定增收的扶贫模式。左权县庄园经济具有欧洲中世纪与中国古代庄园经济经营规模大、多种经济有机结合的特点，同时，又具备现代庄园经济以私人投资为基础、以现代化管理为手段、以市场为导向的要素，因此将其称为"庄园经济"。其本质是一种以民间投资将移民区土地资源与现代化的经营管理、先进的技术有机结合的农业经营模式。庄园经济通过流转由于扶贫搬迁而闲置的耕地、宅基地、林地,以及"四荒"用地等土地资源,将资金、管理、技术等现代生产要素与大量的山区土地资源相结合,从事多元化经营,兼营种植养殖、乡村旅游、农产品加工等行业,不仅规避了山区生态脆弱、土壤贫瘠的劣势,而且通过农业的多功能化提高了经济效益。在十年的时间里发展了相当数量的农业规模化经营主体,部分主体发展效益良好,对县域经济发展起到显著的带动作用。

但庄园经济发展中也凸显出一些问题。总体来看,左权县庄园经济发展主要面临三方面的困境:

(1)市场困境。左权县交通、通信等基础设施较为落后,与发展旅游业相配套的交通路线、通信设施尚未建成,影响了旅客流入;政府对庄园经济发展缺乏统一规划,对外缺乏统一宣传,旅游业未形成品牌,对游客吸引力不大;当地庄园数量较多,旅游资源同质性强,同业竞争严重;加工业品牌建设较为落后,全县注册自有品牌的庄园仅有不到10个;市场竞争较为激烈,近年来由于核桃产品的市场竞争日趋激烈,核桃产品面临销售困难。

(2)资金困境。庄园开发前期投入大、回报周期长、见效慢,大部分庄园面临资金约束。当地政府鼓励庄园以土地经营权作为抵押申请贷款,但相对于其他抵押品,土地经营权抵押涉及关系复杂,不确定性较大。银行出于交易成本考虑,一般不接受土地经营权作抵押发放贷款。

(3)人才困境。大多数庄园没有条件聘请懂管理、善经营的管理人才。一些庄园在经营管理、市场定位等方面问题明显,不少庄园发展几年后因经营不善而夭折。

(六)生态保护扶贫

生态保护扶贫是指把生态保护与扶贫开发融合起来,使生态保护成为贫困地区脱贫和发展的新动力。生态保护扶贫是绿色发展理念在扶贫开发领域的体现。按照"十三五"规划要求,"十三五"期间中国农村贫困地区既要扎实搞好精准扶贫、脱贫工作,又要加快推进生态文明建设,全力以赴补齐这两块短板,确保到2020

年能与全国其他地方一道全面建成小康社会。

江西新干县近年来将精准扶贫开发与生态文明建设相结合,加强基础设施建设、优化生态环境、发展生态产业,形成了精准扶贫开发与生态文明建设"双赢"的局面。新干县在生态保护扶贫中主要采取了五大措施:

(1)人工造林扶贫。

(2)生态补偿扶贫。

(3)退耕还林扶贫。

(4)森林经营扶贫。

(5)林业科技扶贫。

该县生态保护扶贫中主要存在三方面问题:

(1)扶贫资金不足与项目投入较大的矛盾。在扶贫攻坚的任务下,很多扶贫产业项目大面积铺开,需要大量资金投入。但县级财力有限,能否持续支撑项目投入是一个突出问题。

(2)部分贫困户发展能力不足难以胜任林业经营项目。虽然政府非常重视相关技术培训,但有相当部分建档立卡户自身条件太差,没有从事林业产业的能力。

(3)贫困村产业发展难以实现规模化。很多贫困村位置偏远、交通不便,与市场的对接障碍很大,而且很多群众观念落后,对扶贫产业信心不足,短期内难以改变。

(七)健康扶贫

疾病是贫困人口致贫的主要原因。贫困地区恶劣的自然环境、医疗资源的欠缺、社会排斥以及贫困文化的根深蒂固等加剧了贫困户的健康脆弱性,致使贫困人群健康状况发生恶化;疾病会通过物质资本、人力资本以及社会资本的传递导致贫困,从而形成了"贫困—疾病"恶性循环。因病致贫、因病返贫一直是扶贫工作中的重大难题。

(八)教育扶贫

教育扶贫从根本上解决贫困地区的人才短缺问题,为贫困地区长远发展提供智力保障,是精准扶贫的根本之策。2013年7月,教育部会同相关部门下发《关于实施教育扶贫工程的意见》,明确提出把教育扶贫作为扶贫攻坚的优先任务,使教育对促进片区人民脱贫致富、扩大中等收入群体、促进区域经济发展和生态文明建设的作用得到充分发挥。

(九)兜底保障扶贫

兜底保障扶贫指充分发挥社会保障兜底作用,确保完全或部分丧失劳动能力的贫困人口稳定脱贫。社会保障兜底扶贫以政府为主要参与主体,通过加强社会保障与扶贫开发的衔接整合,从多渠道筹集贫困地区社会保障兜底扶贫所需资金,精准识别贫困地区社会保障对象,利用社会救助、社会保险和社会福利三大制度,以不同路径和不同方式向贫困人口或贫困家庭提供援助,帮助贫困地区社会保障对象摆脱贫困,提升贫困人口和贫困家庭的生存发展能力。最低生活保障、养老保险和医疗保险是当前中国兜底保障扶贫的主要形式。

社会保障兜底扶贫的主要作用可以归纳为四个方面:

(1)保障贫困人口基本生活。农村社会保障制度的健全和完善是对精准扶贫工作的补充和完善,为农村贫困人口基本生活保障建立了"安全网"。

(2)促进贫困地区经济发展。社会保障扶贫可以通过释放贫困人口消费需求、提升贫困人口人力资本促进贫苦地区经济发展。

(3)维护贫困地区社会运行。社会保障扶贫保障了贫困人口及其家庭的基本生活,降低了潜在的社会风险。

(4)平衡不同区域收入分配。社会保障扶贫通过国家税收、社会捐赠、慈善福利等方式将一部分国民收入转移给贫困地区和贫困人口,一定程度上缩小了区域收入差异,促进了社会公平。

促进贫困地区社会保障在脱贫攻坚中发挥兜底作用,还需要在充分考虑社会保障体系建设进程、农村贫困地区发展状况以及贫困人口具体实际要求的基础上,进一步完善农村贫困地区社会保障制度供给,优化社会保障兜底扶贫机制设计,完善农村贫困地区社会保障监督管理机制。

第八章 乡村治理理论体系与模式研究

第一节 乡村治理的主体

在中国当前全面深化改革和全面建成小康社会战略目标的背景下，乡村社会治理已经成为我国"三农"问题绕不开的重要问题之一。近年来，随着乡村社会组织结构、群体结构、利益结构和思想观念结构的迅速分化，乡村社会组织较快发展，农民主体意识不断增强，越来越多的乡村社会力量参与到乡村社会公共事务中，乡村社会治理主体悄然发生变化。过去乡村的主体以党政为主，村里的事务都由干部一言堂说了算，随着改革的不断深入发展，乡村治理的主体逐渐变为人民群众，既是治理的主体也是被治理的对象，高度调动人民群众的积极性和自主性，充分尊重并满足其合理诉求，通过彼此之间相互博弈、相互调适、共同参与合作等互动关系，形成多样化的乡镇公共事务管理制度或组织模式。至此，乡镇治理主体不再限于政府自身，主体多元化成为乡村社会治理的必然趋势。因此，我们要认真分析乡村社会治理主体现状，推动乡村社会治理主体多元化格局的形成，以适应乡村社会结构的多元化变化，着力推进小康社会建设与乡村和谐稳定。

一、乡村社会治理主体现状

(一) 乡村社会治理主体的能力有待提高

当前，乡村社会治理主体的能力不足已成为提升乡村社会治理成效的关键障碍。多元合作治理的关键是调动各个治理主体各司其职、各尽所长、相互支持、合作共治。随着乡村社会主体结构日益弱势化、乡村社会治理日渐衰退等复杂多变的乡村问题的增多，乡村基层党组织的工作方式、思想观念难以适应，致使乡村基层党组织的核心作用弱化,党员干部领导群众共同富裕的能力、观念意识缺乏。在培育新型社会治理主体方面,缺乏整体规划和具体有效的实施方案,难以调动其他各类社会治理主体在乡村社会治理过程中的积极作用。

(二)乡村社会治理主体的缺位与弱化

乡村的建设和发展,不仅需要充足的自治力量,更需要充满智慧的乡村社会治理主体和组织。通过长期的实地考察和调研,我们发现乡村人口空心化主要体现为乡村生产建设主体与乡村社会治理主体的缺失和弱化,大量乡村青壮年劳动力的多年持续流出直接导致了乡村人力资本的空心化,而究其根本成因在于乡村人力资本前期投资的不足和当期的严重流失。大规模打工潮和城镇化的出现,造成我国乡村人口净流出加剧,留守农民呈现出"386199"(妇女、儿童、老人)居多的特点,致使乡村社会治理主体、治理能力弱化。乡村社会治理主体的缺位或弱化必然导致所有的社会治理功能的弱化甚至停滞,也显示出乡村整体自治力量和管理组织的虚化,使得乡村各种事业的发展都遭遇了极大的挑战,不能维持乡村地区的正常运行和发展。

(三)农民的社会治理主体地位尚未彰显

民主政治的建立,乡村基层网络管理模式的完善,使人民更有意愿参与到乡村社会治理的公共事务中来,其主人翁意识和民主意识日益增长。然而,在乡村社会治理主体多元化发展的今天,仍然存在农民不是乡村社会治理的主人而是乡村社会治理的对象这一传统落后的理念,导致当前乡村社会治理未能将治理的主体切实地转移到农民身上来,这一主体往往被排除在外,得不到有序参与。尽管学者们都高度认同改革开放前一元化的乡村社会管理体制已经无法适应当前乡村社会发展的需要,社会治理的主体应该多元化,但作为乡村社会治理多元主体的重要组成部分,农民参与社会治理的主观意愿与客观行为却一直没有得到足够的重视。

(四)乡村社会组织的发展还有待增强

经过改革开放和市场经济的洗礼,中国的社会组织发展较快,但乡村社会组织数量还偏少,参与社会治理的能力也严重不足。现行乡村治理结构主体的"官方"

色彩还比较明显,参与乡村社会活动的组织发育还不完善,无法适应乡村社会的需要。究其原因主要有:一是新发展的社会组织需要时间去成长,不断地完善体制内和机制的缺陷,我国的社会组织培育和发展时间不长,正处在与一个成长阶段,但是其发展是向上的、前进的,与时间相应内的水平相符合;二是代表农民利益的乡村社会组织很难在短时间内得到规范发展,并作为正式主体参与到乡村社会治理的工作中来;三是乡村人口数量众多,而个体间能力水平参差不齐,在乡村社会组织中参与治理的传统几乎没有,难以发挥出相应的社会治理职能。

(五)乡镇乡村社会治理主体的信任基础缺失

随着社会的不断发展,总体事务趋向好的方向,但是总会存在一些不可避免的问题和矛盾。乡村城镇化最易出现的便是土地和房屋拆迁矛盾,数据显示,近年来在利益冲突日渐多发的背景下,乡镇乡村越来越少出现能够引导协商对话与合作的权威性人物,人民的利益往往受损,走法律程序,时间漫长,消耗大,因此,村民一般会选择忍气吞声。加之外出务工人员的增加,废村废庄逐年增加,减少取缔了大量的基层干部组织,管理上出现摩擦。外出务工人员眼界的拓宽、知识的增长、民主意识的增强,要求维护自身的利益和权益,也加剧了乡村社会的干群冲突矛盾。乡村基层社会管理没有实权,无法切实为群众利益和根本上解决矛盾,这也不断地侵蚀着人民的信任,乡村危机事件大都是乡村社会治理主体的无为或越位造成的。

(六)乡村社会治理主体的多元参与机制仍然没有根本形成

目前,我国乡村治理主体较为单一,政府仍然是乡村社会治理的绝对主体,一些新兴社会组织还没有正式参与到社会治理中来。村民参与社会治理的意识薄弱,乡镇政府和村两委会缺乏多元主体参与乡村社会治理的理念。出于某种权力或利益上的考虑,他们往往把乐于参与社会治理的那些乡村民众视为"刁民",或者把村民参与看作潜在的威胁,不太愿意放权让多元主体参与社会治理。乡镇政府也缺少综合来自辖区居民民意表达的机制,甚至强制干预村民自治,使村委会沦为一个常规的办事工具,"行政化"现象严重。

乡村社会治理面临治理主体结构模糊和失衡、社会治理主体间失调等种种困扰,源于乡村社会治理多元主体参与机制尚未形成。

总之,乡村社会治理主体结构弱势化、内部治理灰色化、法治建设落实难行,严重阻碍了乡村社会治理的进程,乡村社会现代治理主体结构的构建与运行任重道远。

二、乡村社会治理主体结构

现代规模农业引入和新型经营主体将改变乡村社会治理博弈的主体结构和社会治理的复杂性。要形成党委领导、政府负责、社会协同、公众参与、法制保障的乡村社会治理格局,旨在要从单一强调政府主导作用向社会共同治理转变,从旧有的社会管理向现代社会治理转变,以适应乡村社会结构的多元化变化。我们可以将乡村社会治理主体结构划分为组织协调主体、主导责任主体、自治参与主体和社会协同主体四个类别。

(一)组织协调主体:乡村基层党组织

由前文的"四个方面"可知村党组织在乡村基层党组织的重要性,并且在我国党高于政府处于领导地位,因此乡村经济社会发展的领导核心是乡村基层党组织,是整个基层组织的主体:在众多的乡村社会治理主体中,乡村基层党组织拥有政治优势、组织优势、人才优势和资源优势,因此应当在乡村社会治理中发挥总揽全局、协调各方的作用。在新的基层党组织领导下,社会形势中,乡村的各个阶层出现了不同的分化,包括以利益为主体、以物质基础为主体、以文化背景为主体的分化,利益的诉求不同导致矛盾焦点错综复杂,使乡村社会治理环境发生了深刻变化。党的核心思想一直以来都是全心全意为人民服务,工作方式也是从群众中来到群众中去,了解人民群众的意志,党的十八大再次强调,要"以服务群众、做群众工作作为主要任务,加强基层服务型党组织建设"。

乡村社会治理基层党组织为主体,在党的领导下面对乡村社会治理主体多元化发展的趋势,能否更好地统筹协调乡村社会治理主体形成科学多元的治理体制,能否更好地在乡村社会治理理念、治理方式等方面做出适应性变化,及时调整自身角色,重新定位自身组织功能,不断加强自身建设,提升党员的素质和治理能力,能否更好地加强领导,强化引领机制,突出服务,进行利益整合,协调治理主体间的相互关系,带领并团结协作其他治理主体发挥各自积极作用,既考验乡村基层党组织的乡村社会治理能力,也关乎乡村社会治理的有效性、乡村社会的稳定与发展。因此,在面对各类社会治理主体之间不同的利益需求、利益冲突和纠纷时,乡村基层党组织应善于通过沟通、对话、民主协商的办法加以解决,及时协调党组织与村委会以及其他社会治理主体之间的关系,把协调各方关系的切入点放到维护农民群众的根本利益上来,从而增强其他社会治理主体对乡村基层党组织的认同感,提高党在乡村社会中的威信。

(二)主导责任主体:乡镇基层政府

乡镇基层政府是国家政权的最后一层,是传达和贯彻中央及省市县政策的重要一环,也是乡村社会建设的最直接引领者。乡镇基层政府起着沟通乡村社会与县级政府上传下达的桥梁和纽带作用,在乡村社会治理中发挥着主导作用。因此,乡镇基层政府是乡村社会治理的主导责任主体。乡镇一级政府在法律制度的范围内,根据善治的要求对自身运行体制和治理行为不断优化以适应现代乡镇社会发展规律和要求,并合理运用自身权力和职能,最大限度地合理优化配置乡镇社会资源,引导乡镇非政府组织、公民等治理主体共同参与乡镇社会事务管理,提供有效合理的乡镇公共服务和社会管理,最终促进乡镇社会的政治、经济、文化的现代化,建设社会主义新乡村。因此,乡镇政府作为乡村社会治理的重要主体,在宏观和微观上对乡村社会各个方面的发展起着引导作用。尽管治理强调多元主体的共同参与合作,但乡镇政权在乡村社会治理体系中明显扮演着基础性角色,这不仅因为乡镇政权仍掌握着较多的公共权力和经济资源,更是因为在社会组织发育不足、公民的自治能力有待提高的背景下,推进乡村社会治理体系建设有赖于乡镇政权构建一个多元主体平等参与的开放的社会治理平台。

(三)自治参与主体:农民群体

改革开放后,乡村生产经营方式、乡村利益分配方式、乡村社会结构、农民就业方式等都发生了深刻变化,乡村社会开始呈现出利益格局多元化、生活多样化、就业多样化、乡村社会组织形式也逐渐多样化,农民群体一直是我国庞大的群体,为我国经济飞速的发展做出了重要贡献。社会的发展,民主的不断深入,农民的自我意识和民主意识不断觉醒,随着中国经济社会改革的不断深入,片面强调政府管控的社会管理思维已越来越不能适应社会的发展需要,从社会管理到"社会治理"的转变,农民成为乡村社会治理中多元主体的重要一方越来越受到重视。农民是乡村社会生活的主体,乡村社会的主人,毫无疑问是参与乡村社会治理不可或缺的基础性力量。农民作为最重要的乡村治理对象与主体,自身属性的变化也必将导致乡村社会治理模式从原先地缘、血缘、伦理式的治理向现代法治、契约、民主化的治理模式转变。农民的经济资本、文化资本和社会资本等资本禀赋的不断丰富,将增加他们参与社会治理的机会,提高他们参与社会治理的能力,使他们真正成长为社会治理主体,进而推动乡村多元社会治理模式的发展与完善。

在乡村社会治理过程中,只有大力开展职业技能教育,培养新型职业农民,让农民有一技之长,才能更好地参与乡村社会治理和农业现代化建设;只有确保农民的生计安全,了解和尊重农民需求,才能有力地推进乡村社会治理体系的整合和治理能力现代化的提升;只有相信和依靠农民群众,尊重农民的主体地位,积极发挥参与乡村社会治理的主体作用,才能够推动乡村城镇化和农业现代化协调发展;只有根据不同乡村社区的实际状况,逐渐培育乡村社会力量和公共空间,才能使农民成长为乡村社会的治理主体和受益主体,实现乡村全面可持续发展。

(四)社会协同主体:乡村自治组织和社会组织

多元主体的协同治理是实现乡村社会治理"善治"的标志。不同形式合作组织的参与使乡村社会治理主体日益多元化。在社会治理创新中,乡村自治组织和乡村社会组织也是乡村社会治理的主体,担当着越来越重要的角色,发挥着极其重要的作用。因此,在乡村社会治理过程中,要充分发挥地缘组织乡村自治组织和业缘组织社会组织的协同作用。

就目前而言,农民群众通过参加各种类型的乡村组织结成新的利益共同体,这些共同体与党的组织、政权组织等其他组织共同构成乡村社会的治理主体。如农民专业合作社作为乡村社会治理的主体之一,有利于形成乡村社会治理主体的多元化格局、推进乡村社会治理手段的市场化、完善乡村社会治理模式的民主化以及促进乡村社会治理制度的规范化。伴随着我国治理现代化进程的推进,乡村民间组织如乡贤理事会,把分散的弱者聚集起来,形成巨大的组织力量,并参与到乡村社会治理中来,不仅对促进乡村社会治理的主体多元化,改进社会治理方式,丰富治理手段,而且对增强乡村公共生活与公共事务的影响力,促进乡村权力结构民主化转型都具有十分重要的作用。

三、正确认识和发挥多元主体在乡村社会治理中的作用

乡村社会是整个社会的重要组成部分,由于乡村的组织问题、人民群众素质教育问题、利益冲突问题等使本来治理就困难的乡村变得更加复杂,面对治理对象和环境的复杂性,推进多元主体的治理具有重大战略意义。改变原来的单一治理主体结构为包括基层党组织、政府、村民自治组织、乡村社会组织和农民等各股力量进行多元治理,切实解决治理困境。社会治理是多元主体的共识驱动,其运行基于价值认同、沟通互动与协商合作的方式,乡村社会治理各参与主体要树立协同合作理念,明确相互的职责权利,建立协商共治工作机制,加强治理的民主化、法治化建设,做到自我管理、自我约束和自我发展,真正将农民的真实需求摆在工作的第一位。

乡村多元治理主体一直以来发挥着重要的作用。乡村基层组织的职能发挥直接关系着乡村社会的安全、稳定和繁荣问题。作为乡村社会治理关键性主体乡镇政府,起着贯彻落实国家各项制度安排和政策措施,组织提供基层公共服务,维护基层社会的公共秩序,吸纳和整合基层社会政治参与的作用。乡镇政府本职功能的发挥程度与行政目标的实施程度不仅事关乡村社会健康发展与否,更是乡镇政府合法性基础的重要来源。村级村民委员会要主动打破原有的格局和消除工作惯性的影响,积极引导和培育符合乡村发展和社会治理要求的社会组织,让广大村民参与到社会治理创新中来,形成社会广泛参与治理格局。乡村社会组织作为治理活动中的重要主体,在协调不同治理主体关系、实现村民利益有效表达、推动乡村社区民主意识形成等方面发挥着关键性作用。乡村社会组织充分发挥其社会功

能,并与乡村党组织、村民自治组织、村民个体等治理主体相互合作协商是解决目前乡村社会治理困境的主要出路。要全面梳理各类乡村社会治理主体具体功能,依法明确治理主体、厘清工作职责、理顺相互关系、创新工作机制,赋权还能,明晰行政边界空间,建立健全规范化的乡村治理体系。乡村基层社会治理主体只有维护好基层社会公共秩序,才能真正实现对乡村社会的有效治理。

在当前经济社会发展新常态下,只有探索乡村多元主体在社会治理中的作用,才能实现乡村社会治理方式的全面转型,推进乡村社会的依法与有效治理。党的十八届五中全会提出构建全民共建共享的新型社会公共治理体系,不仅从客观上要求推动乡村社区治理主体的平等合作与多元共治,实现乡村社区治理成果的全民共享,更要求主观上发现当前我国乡村社区治理各主体存在的问题和改善的策略,形成一套科学、合理的乡村社区治理理念,逐步实现乡村社会的善治。

第二节 乡村治理的原则与目标

加强和完善乡村社会治理,需要坚持四个原则,即法治原则、民主原则、权利原则和服务原则。坚持这些原则对加强和改进乡村基层社会治理有着不可替代的作用。

一、乡村社会治理的原则

(一)法治原则

法治是调节社会复杂多样矛盾间的有力依据和保障,推进乡村社会治理的原则,人民赖以遵循内在支撑,当公民人身财产安全受到威胁时的最有效的解决途径和保障。在乡村人口仍占主体,乡村的社会结构、利益格局、组织体系、生活方式、价值观念等各方面发生剧变的新形势下,乡村社会治理法治化不仅是乡村社会稳定的问题,更关乎党在乡村执政基础的巩固。在依法治国的大政方针下,推进依法治村,乡村社会治理法治化,遵循法治思维,坚持依法治理,把乡村社会治理纳入法治化轨道。

1. 推进乡村社会治理法治转型

坚持法治原则，推进我国乡村社会治理的法治转型。以农民权利为核心、尊重农民主体性与法律诉求的治理模式，排除社会结构性歧视、实现公民权利与社会资源对等配置的法律制度设置，是我国乡村社会治理法治转型的内在逻辑。就此而言，我国乡村社会治理的法治转型应首先以提升农民权利主体性为旨归，畅通农民权利诉求的表达渠道，保障其获得平等政治权利的机会，提高乡村社区组织化能力，使农民真正成为权利的价值主体、自我命运的掌控者。

2. 促进乡村社会治理现代化

法治是实现乡村社会治理现代化的必由之路。法治是一个国家社会文明的标志，推进乡村社会法治治理有利于推动国家现代化的发展，同时乡村社会法治化治理也是整个社会国家法治的重要组成部分。乡村社会治理如果不能弘扬法治，不能用法治思维、法律手段来处理问题、解决乡村社会发展中出现的矛盾，乡村社会治理的现代化就难以实现。要实现乡村社会治理法治化，就要在广大乡村党员群众中树立法治意识和法治思维，就要破除乡村传统熟人社会结构的束缚，建构现代乡村民主法治社会，就要将村规民约纳入法治化轨道。村规民约与乡村社会联系紧密，现代社会人民生活条件得到了极大的改善，但是人们的法治观念意识仍然很淡漠，要加强对村规民约的改善，使之与现代社会相符合，将法律与村规民约相结合，与国家法律更契合，发挥其在乡村社会治理社会中的作用，提高乡村社会治理的法治化水平。

3. 实现乡村社会治理法治化

乡村是中国社会的基础，乡村治理法治化是维护这个"基础"和谐稳定的保障。党和国家依法治国、依法治村，有序地推进实现乡村社会法治化。从宏观层面看，依法治村是发展乡村社会经济的需要，也是提高国家现代化治理的必然途径。重塑乡村社会关系，构建法治和礼治相结合的新型乡村社会秩序，让法治观念渗透到乡村基层，让法治原则成为基层民众日常生活中的行为准则，切实推进乡村基层治理法治化。从微观层面看，推进乡村基层治理法治化有利于化解当前乡村社会矛盾,维护社会的安全稳定。农民的法律意识淡薄和法律素养低下是乡村法治社会管理难以推进的重要原因,因此要加强对农民学法、知法、守法、用法的宣传教育,提高其法律水平,有效地化解乡村社会矛盾,推进基层行政单位和组织的发展,治理好社会。特别是一些乡村基层领导干部,因为他们自身缺乏法治治理思维以及相应的依法办事能力,所以在实际的工作中,应该依法律法规解决问题时,却习惯于个人或少数人说了算,从而导致社会治理效能低下。有效解决当前乡村治理面临的基层干部人治思维和官本位思想严重、农民整体法治观念淡薄、乡村社会治理机制滞后等问题,必须走乡村治理法治化道路。

(二)民主原则

我国乡村社会同样面临着如何向现代民主治理体制转变的历史任务与难题。民主是乡村社会治理的基本方式,是推进社会治理法治化的重要前提。所谓乡村社会治理的民主模式,是指乡村治理过程中,凡涉及乡村公共事务、公共福利,除法律或政策有特殊规定外,应充分尊重乡村自治组织及村民的自主意志,采用法治化、民主化程序建立系统、高效、自治的乡村治理结构。20世纪80年代的村民自治以来,国家权力下放、民主下乡以及乡村社会治理现代化的推进,乡村权力结构变化及其民主化转型的演进。在乡村社会治理中,各治理主体的参与及运作都必须建立在民主的基础之上,从而促进决策的民主化、科学化、法治化。

1.乡村社会治理民主原则的政策要求性

要健全乡村基层民主管理制度。建立健全党组织领导乡村社会治理机制,通过实践探索乡村社会治理民主的形式,建立公共平台实行政务公开、信息公开。在有实际需要的地方,依托土地等集体资产所有权关系和乡村传统社会治理资源,开展以村民小组或自然村为基本单元的村民自治试点;在已经建立新型乡村社区的地方,开展以乡村社区为基本单元的村民自治试点。探索以村民会议、村民代表会议为载体,创新村民议事形式,完善议事决策主体和程序,落实群众知情权和决策权。建立务实管用的村务监督机制,落实群众监督权。积极探索村民议事会、村民理事会等协商形式,重视吸纳利益相关方、社会组织、驻村单位参加协商。研究明确村党组织、村民委员会、村务监督机构、乡村集体经济组织的职能定位及相互关系。在进行乡村集体产权制度改革、组建乡村股份合作经济组织的地区,探索剥离村"两委"对集体资产经营管理的职能,开展实行"政经分开"试验,完善乡村基层党组织领导的村民自治组织和集体经济组织运行机制。尽管村级党组织的政策定位仍然是乡村各种组织和各项工作的领导核心,但政策上的"核心"定位已经不再是那种"一元化"的定位,而且很难得到法律的支撑,村民自治法已经将村民委员会推向前台,民主选举、民主决策、民主管理、民主监督已经成为乡村社会治理的重要原则。民主选举是乡村社会基层治理的前提条件,《选举法》和《村民委员会组织法》已经对违法的主体、情形判断和责任认定都做了明确规定。这既适应了改革开放后乡村基层民主建设的要求,又体现了由管制到共治的社会治理发展趋势。

2. 乡村社会治理民主原则的主体需求性

在现代市场经济条件下,在新媒体的作用下,经济决策权的分散化和个体化,催生个人意识和权利意识,农民获得了丰富的现代民主权利知识,其权利意识在不断觉醒,民主诉求在不断增强,对民主参与的需求更加强烈,要求参与现有的乡村社会治理过程,表达自己的利益诉求,单向管理的治理过程已经不能满足乡村社会治理民主参与的需求。民主选举、民主决策、民主管理、民主监督成为乡村社会治理的主要内容。在多元的社会治理模式下,真正实现政府、乡村精英、普通村民之间平等的协商与合作,使多元主体通过协同方式实现对社区事务的合作管理,维护了农民的合法权益。

3. 乡村社会治理民主原则的社会实践性

伴随着新乡村建设各项工作的推进,以及党和国家对社会主义基层民主发展的重视程度的不断加深,我国乡村社会治理中的民主程度得到显著提高。乡村社会治理不断地获得自主权,从以往行政命令型的管理模式向民主参与方式推进,以人为本,人被提到核心定位,拥有更大的表达权、参与权、知情权,农民获得更多自由权。但是,当前乡村社会治理方式过于专制简单,民主选举、民主决策、民主管理、民主监督为主要内容的村民自治很难落实到位,乡村社会腐败问题禁而不止。从政治方面来看,村民自治的提出固然为乡村社会治理与民主政治创建了一个良好的发展平台。如何真正推进乡村社会治理民主原则的社会实践性呢？一是在提升乡村社会治理水平的实践中，加强社会主义协商民主。社会主义协商民主，有利于听群言、集民智、增共识、聚合力、促和谐，有利于增强乡村社会治理针对性和实效性。要使村民自治获得长久发展的稳定基础，就不能仍然停留在只是诉诸"民主"这种动员性的政策话语上，而是应该与乡村社会的治理环境和农民的生活规则相契合，并从自治的每个环节上具体落实民主的制度，以此让其成为农民的一种生益博弈和矛盾化解的过程，建立在协商民主的基础之上的民主议事与民主决策，可以较好地处理村级治理各主体间的相互关系，实现乡村社会各阶层的利益均衡，维护乡村政治稳定、促进乡村社会发展。二是推进和发展乡村基层政府管理体系与村民自治体系之间的协调互动治理。基层政府在乡村社会治理过程中要有意识地经常性地引导村民参与进来，只有让村民在参与治理的过程不断增强自己的民主意识，逐步学习民主知识和民主程序，让村民牢记参与村庄治理是自身的权利，让村民自觉地行使权利，才能逐渐提高村民乡村社会治理参与能力。三是有机结合党内基层民主建设和乡村社会治理。许多乡村党组织探索这种形式，村党组织通过制度化、体系化、多元化的形式有效地管理乡村，同时村民也更好地配合管理。因此，如何有机结合党内基层民建设和乡村社会治理就成为乡村基层党组织要解决的重要课题。

(三) 权利原则

权利原则是乡村社会治理取得有效性的重要前提。在乡村社会治理过程中坚持权利原则，我们必须提高农民权利观念、建立权利体系、健全权利保护机制。

1. 提高农民权利观念

在新媒体的作用下，农民获得了丰富的现代民主权利知识，其权利意识在不断觉醒，这种意识蕴含着巨大的社会价值，是社会治理的有生力量。这种由新媒体引起的农民主体性的提升为实现现代治理机制的建构、实施和运行提供了现实的可能性，必须把协商、合作、多元、民主的治理理念引入乡村社会治理中去。农民民主权利的实现是乡村社会治理发展的核心。创新乡村社会管理必须以农民权利为宗旨,具体到中国乡村的社会治理实践,农民权利必然是社会治理逻辑生成的价值目标,并贯穿于治理过程之中;在乡检社会治理过程中,正是借助于参与和表达形式,农民的权利话语才可能进入法治程序,并进而促进各项权利转化为实然状态。在农民的权利救济方面,应当通过立法的改进、诉讼程序的简化、诉讼成本的降低、诉调机制的完善等多种措施进行相应的改革,使国家司法权能有效地渗透乡村社会治理过程之中,促进农民救济权利的充分发展。

2. 建立权利体系

在"乡政村治"体制下的乡村社会治理中,存在乡镇政府代表国家行使的行政权和村民通过自治组织实施的自治权两种主要权利形态。在实施城乡统筹发展和城乡一体化大背景下,国家的"多予、少取、放活",以及将公共事业发展重点转移到乡村、"工业反哺农业、城市支持乡村"等政策,要求国家权力再次下到乡村社会。虽然"乡政村治"体制比人民公社时期的"政社合一"体制更侧重乡村社会"自我"治理,并且村民拥有了更多自治权力,但在实际操作中,"乡政村治"体制或多或少地偏离了"国家文本"要求,国家行政权力在乡村社会中始终保持着强势。

农民的权利问题是乡村社会治理中的重要问题,自古以来中国的农民都是被压迫、被奴役的对象,他们的权利少之又少,长期的压迫使其忘记了反抗,认为这是常态,但是我们新型城镇化改革就必须要唤醒农民的主人翁意识,要农民自己主动地参与到民主政治当中去,接着是国家以制度性法律性保障农民主体的权益,建立完善的服务设施和保障体系,保障资源共享、分配机制合理、实现公平公正,唯有如此才能真正地实现农民的权利,才能实现良好的乡村社会治理目标。知易行难,正视农民作为权利主体在社会发展中的集体失语问题,肯定农民基本权利在社会结构中的正当性,平等地对待每一个农民的权利与人格,这些基本的权利理念是我国乡村社会法律治理的价值基础。党的十八届三中全会提出了要"创新社会治理体制"。乡村社会治理的权力体制是当前各级政府日益关注的重要方面。针对我国乡村社会治理而言,过去强调单一政府责任的社会管理体制已经严重制约了权力作用的充分发挥。这表明在全面建设小康社会的改革新时代,社会治理的结构、主体已发生重大变革,乡村社会治理中的政府权力本位必须让位于农民权利本位。

3. 健全权利保护机制

在现实社会,指导与被指导关系的党委与村委本是实现基层民主和保障村民权利的重要主体,但是,部分村两委却合谋窃取乡村集体利益,使村民与村两委的关系恶化甚至敌对,宗祠会议等非正式表达渠道被遗弃,村民的意见被排除在乡村社会治理之外。乡村社会治理的根本问题,是健全农民权益的保障机制,而这一"保障机制"的绝对指向应该是推动与实现农民权利,或者间接地说,农民权利是乡村社会治理的切入点与基准线。乡村基层治理中,执政党、权力机关、行政机关和司法机关既要努力排除社会结构性歧视、实现公民权利与社会资源对等配置,又要积极回应人民群众日益增长的多样化权利诉求,健全人权和权利保障制度,维护弱势群体的权利。同时,还要落实并完善宪法规定的农民与市民同等的公民权,更有效地推进社会主义新乡村建设和社会主义和谐社会构建。

(四)服务原则

乡村社会治理创新的根本目的在于提高社会公共服务的品质,满足民众多样性的服务需求,因此,乡村公共服务体系建设一直是乡村社会治理创新的核心领域。乡村公共服务状况直接关系到民众的生产生活水平的提升,是密切党群、政群关系的基本途径,也是检验乡村社会治理创新成效的标尺。中共中央国务院在《关于加快发展现代农业进一步增强乡村发展活力的若干意见》(以下简称《意见》)中指出,建设中国特色现代农业,必须建立完善的农业社会化服务体系,即要坚持主体多元化、服务专业化、运行市场化的方向,充分发挥公共服务机构作用,加快构建公益性服务与经营性服务相结合、专项服务与综合服务相协调的新型农业社会化服务体系。这为乡村社会治理坚持服务原则提供了政策依据。

1. 增强乡村社会组织社会服务功能

在公共服务领域,我们要善于打破政府垄断、肯定市场价值,鼓励、引导和支持发展各种新型的乡村社会化服务组织,共同参与乡村的社会治理,增强社会自治功能。目前在一些地区,由政府组织、非政府组织和乡村各类经济社会服务组织等共同参与的乡村治理格局正逐步显现。乡村社会组织具有参与公共服务的自身优势,它是政府与社会互动的桥梁,能够有效整合社会资源,繁荣社会事业,参与社会治理与服务,满足乡村社区的多元化需求,保障乡村经济与社会的和谐稳定。《意见》强调,要培育农业经营性服务组织。支持农民合作社、专业服务公司、专业技术协会、农民用水合作组织、农民经纪人、涉农企业等为农业生产经营提供低成本、便利化、全方位的服务。采取政府订购、定向委托、奖励补助、招投标等方式,引导经营性服务组织参与公益性服务,大力开展病虫害统防统治、动物疫病防控、农田灌排、地膜覆盖和回收等生产性服务。推进科技特派员乡村科技创业行动。培育会计审计、资产评估、政策法律咨询等涉农中介服务组织。这些经营性服务组织的培育与建设在乡村社会治理中都可以充分发挥生力军作用。完善乡村公共服务体系、加快公共服务均等化建设,必须以农民公共需求为导向,以保障和改善民生为根本,缩小社会内部差距,促进公共服务主体多元合作,激发乡村社会活力,建立和完善乡村社会化服务体系,形成村民自我组织、自我管理、自我教育、自我约束、自我服务的有效治理机制;必须促进农民组织化,把乡村社会治理网络建起来。通过培育乡村经济合作组织、发展乡村社会文化组织、规范引导民间社会公益组织,增强农民致富及社会合作能力,提升乡村社会我服务能力,促进乡村社会的公共行动能力,把"原子化"的农民组织起来,激活农民的自治活力,使乡村形成一个能够共同致富、自我合作、参与公共事务的乡村社区共同体。

2. 提高基层政府乡村社会公共服务水平

从当前的社会形势上看,我国政府的治理状况和建设服务型政府的宏伟目标相差较远,政府在乡村社区治理过程中,提供公共服务方面"重管理,轻服务"的现象比较普遍,而且在服务过程中的每一个环节都不同程度地存在一定的问题,这些问题主要表现在为乡村社会治理提供公共服务的效率低下,公共服务的滞后性和非连续性。由于我国基层社会治理相关法律尚不健全,乡村社区的自治能力比较有限,社区民间组织发育尚不完善,基础设施还不到位,一些乡村地区的相关服务产业刚刚起步。

提高乡村社会公共服务水平需要进一步强化农业公益性服务体系建设。《意见》指出,要不断提升乡镇或区域性农业技术推广、动植物疫病防控、农产品质量监管等公共服务机构的服务能力。提高农业气象的检测和预报,降低自然灾害对农业的影响,继续实施基层农业的技术推广,在资金上、专利产权上大力支持科研,同时加强高等院校间和农业的合作关系,成立专门的为缘分来分管。向国外学习先进的农业技术,引进国外优秀的专业人才和先进机械设备。完善好乡村农业公益服务组织,加强预防自然灾害对农业的打击,建立系统的组织,从监管到应对措施都做到专业化、科学化、及时有效。中共中央、国务院在《关于深入推进农业供给侧结构性改革加快培育农业乡村发展新动能的若干意见》中指出,要提升乡村基本公共服务水平。全面落实城乡统一、重在乡村的义务教育经费保障机制,加强乡村教师队伍建设。继续提高城乡居民基本医疗保险筹资水平,加快推进城乡居民医保制度整合,推进基本医保全国联网和异地就医结算。加强乡村基层卫生人才培养。完善乡村低保对象认定办法,科学合理确定乡村低保标准。扎实推进乡村低保制度与扶贫开发政策有效衔接,做好乡村低保兜底工作。完善城乡居民养老保险筹资和保障机制。健全乡村留守儿童和妇女、老人、残疾人关爱服务体系。

提高乡村社会公共服务水平还需要构建服务型的政府。国家正式取消了农业税,政府与乡村社会的关系也从之前的"汲取型"转为"服务型"。面对政府职能"错位"下的治理有效性不足,政府应以协作性的公共管理理论为指导,构建无缝隙服务政府。乡镇政府的本质职能不应是"经济调节",也不应是"招商引资",而是必要的"社会管理、公共服务",主要是面对"三农"的服务,如农技、水利等农业服务,教育、扶贫、公共卫生等农民权益保障,交通、治安等乡村社会治理服务等。以网格化管理、社会化服务为方向,健全基层综合服务管理平台,就是要加强乡村社会治理服务平台建设,以村民小组为单元划分网格,设置网格管理站,通过推行"人在格中走、事在网中办"的服务模式,实施精细化、信息化、动态化管理,实现"社情全摸清、矛盾全掌握、服务全方位"的乡村社会治理新格局,将政府管理服务工作真正延伸到基层。比如,浙江省把公共服务由城市向乡村延伸,设立村级便民服务中心,把行政管理、行政审批、行政服务延伸到基层,进一步完善基层社会治理和服务体系。同时,提升乡镇政府的干部队伍素质,在符合机构精简的前提下,建立素质更高、能力更强的干部队伍,为乡村社会治理提供高效的服务和指导。

3. 发挥乡村基层服务型党组织的服务功能

在乡村治理的新形势下,解决乡村社会治理过程中出现的各种问题和矛盾就离不开乡村基层服务型党组织发挥其服务功能,整合各阶层的利益,服务乡村社会多元化的利益诉求,保障和改善乡村民生,完善乡村社会保障机制和乡村治理机制,使农民能够享受到党组织提供的细致入微的服务。因此这就需要乡村党组织发挥党在乡村的组织者和引导者作用,树立服务乡村群众的工作理念,提高服务群众的能力和水平,利用法治手段解决乡村各种矛盾和纠纷,争取把问题和矛盾在基层解决,从而进一步提高乡村社会治理水平,为促进基层治理法制化奠定基础。党组织在组织和引领乡村治理的同时,通过转变工作职能和履职方式,重点是发挥政治资源,能够为乡村经济、社会组织及村民自治组织的运行提供政策、法律、人才等服务,帮助解决困难、理顺关系、健全机制、营造环境。广泛开展党员承诺活动,激发党员服务农民、参与乡村社会治理的内在动力。

4. 不断创新服务方式和手段

在新型城镇化的发展战略下,公共服务与乡村治理都需要有新思路,而乡村社会工作正是重要的方法之一。乡村社会工作不仅是"回应人的需要",更要"回应社区的需要",乡村社会工作不仅要补充原有的公共服务供给机制,还要在乡村治理、社区建设方面发挥作用。乡村社会工作不仅要在公共资源配置、公共服务产品供给中发挥作用,还要促进乡村治理、社区自治。同时,我们还要将农业与科技相结合培育出高产、高质量的农作物,不仅要提高科学技术,还要加强区域综合化的合作鼓励搭建社会化服务综合平台,发展专家大院、院县共建、乡村科技服务超市、庄稼医院、专业服务公司加合作社加农户、涉农企业加专家加农户等服务模式;发展农业信息服务,加快用信息化手段推进现代农业建设。

二、乡村社会治理的目标

党和国家要抓好乡村社会治理工作,必须明确乡村社会治理目标,同时,也不能在乡村社会治理目标上出现偏差。乡村社会治理是一个复杂、庞大的工程,牵扯到方方面面的利益,也是极易引起矛盾和冲突的地区,建设乡村社会不仅仅要提高人民的生活水平,更要注重全面建设,保障农民权利、提高农民生活水平与质量、建构乡村公共性等多元目标。

(一)政治目标:实现乡村社会和谐发展

乡村社会治理的政治目标是实现乡村社会的和谐发展。乡村社会的和谐发展与乡村社会治理息息相关。创新乡村社会治理体制、维护乡村社会的和谐发展成为新时期乡村社会面临的主要问题之一。当前,乡村社会矛盾比较突出,特别是因为乡村土地争议引起的矛盾、干群关系激化引起的矛盾、乡村基层组织不健全引起的矛盾、乡村环境恶化引起的矛盾、乡村公共服务事业滞后引起的矛盾、乡村社会治安治理不到位引起的矛盾、农民社会保障不完善引起的矛盾等尤为突出。如果不解决好这些矛盾,势必会影响到乡村的和谐稳定与小康社会建设目标,进而影响到经济社会发展和国家的政局稳定。因此,化解这些突出的乡村社会矛盾对我国乡村社会治理实践提出了更高要求。创新乡村社会治理,避免由于利益分化和价值失范造成严重的乡村社会的分裂化甚至碎片化,重新建立乡村社会治理基础和组织基础,走向新的社区共同体;创新乡村社会治理,把社会工作介入乡村社会治理中,更有效率地协助村民分析当地所面临的问题,去引导、规范乡村的社会生活,在村民之间形成良好的人际关系,最大限度地增进公共利益,谋求乡村社会的长远发展;创新乡村社会治理,实现从根本上预防和打击乡村违法犯罪,维护乡村治安秩序,保障乡村社会稳定。

(二)价值目标:保障农民权利

从中国乡村的社会治理实践来看,农民权利必然是社会治理逻辑生成的价值目标。在新的历史阶段,乡村基础社会治理领域存在着乡镇政府的行政管理权与乡村社区的自治权两种基本权利形式。加强和创新乡村社会治理,就要拓展村民自治渠道,创新乡村社区治理体制,强化村民自治功能,扩大村民自治领域,引领村民自治向着自治组织更加健全、自治活动更加规范、自治范围更加扩大、自治程序更加完善、自治保证更加有力、自治成效更加明显的方向前进,切实保障农民群众享有更多更切实的民主权利。创新乡村社会治理必须以农民权利为宗旨。保障农民的基本权利是新型城镇化进程中乡村社会治理转型的关键节点。乡村社会治理的根本问题,是健全农民权益的保障机制,而这一"保障机制"的绝对指向应该是推动与实现农民权利,或者间接地说,农民权利是乡村社会治理的切入点与基准线。解决农民问题的关键在于解决其权利问题,构建保障农民权利的公正法治社会是推进国家治理能力和体系现代化的重要任务。没有对农民基本权利的尊重和保障,就不可能有社会的公平正义,也不可能有国家治理的现代化,更不可能有农民的尊严和幸福生活。农民权利是乡村社会治理的法治归宿,乡村社会治理的根本任务是充分保障农民权利。因此,在创新乡村社会治理中,我们要切实保障农民的知情权、参与权、监督权、表达权,创新农民的参与形式,拓展农民的参与空间,保障农民话语表达机制、民主自治机制,培育农民的主体意识、权利义务意识、公平正义意识,进一步增强农民的公民意识,提升农民的治理主体性价值,从而把党的领导、乡村的健康发展和村民的民主要求结合起来,实现乡村社会治理的价值目标。

(三)根本目标:提高农民生活水平与质量

农民生活水平的提高是民生问题中的关键。现阶段我国农民生活水平普遍偏低,各种矛盾错综复杂,农民对经济发展的要求和社会生活水平的期许越来越高,这就对乡村社会治理提出了更高的要求。只有乡村社会得到良好治理,才能最终实现整个国家的长治久安。依据当前乡村经济体制状况和经济发展的现实需要,我们可以看到发展乡村经济,增加农民收入,提高农民的生活水平仍然是乡村治理的首要任务。

乡村社会治理的根本目标是要为农民构建一个良好的居住环境,过上美好的生活。乡村社会治理的目的在于维护广大人民群众的根本利益,牢固树立农民群众利益无小事的理念,把民生问题的有效解决作为乡村社会治理的根本,想农民之所想、急农民之所急、办农民之所需、干农民之所盼。如果说农业税费时期国家进行乡村基层社会治理的目标在于完成国家工业化建设对乡村资源的顺利汲取和保持基本的乡村社会稳定,那么现阶段国家进行基层治理的目标则在于实现对乡村社会的良好建设,以提高农民的生活水平和生活质量。乡村社会治理的核心领域是建立公共服务体系。乡村社会治理创新的根本目的在于提高社会公共服务的品质,满足民众多样性的服务需求。乡村公共物品是实现乡村治理现代化和改善农民生活水平的重要方面,公共物品供给不足是治理现代化中乡村治理水平较低的瓶颈,直接影响着我国国家治理水平的提高。农民的生活水平高低与乡村综合治理效能息息相关。村级治理水平的高低最终体现在经济的发展上和农民的生活水平上。目前,农业乡村发展已进入新的阶段,为确保乡村社会治理根本目标实现和基本任务的完成,必须充分发挥村"两委"作用,不断提高村级组织社会管理和公共服务的能力和水平,大力发展乡村生产力,盘活乡村活力,建设社会主义新乡村,加快全面建成小康社会的步伐,促进乡村经济全面发展和农民收入稳步快速提高,以良好的社会管理和服务体制机制守护我国的乡土文明家园,把乡村建设成为广大农民群众的幸福家园。

(四)现代化目标:建构乡村"公共性"

历史上的人民公社,作为一种自上而下建构起来的公共性载体,并没有为乡村社会的发展提供效率,广大农民的生活水平并没有得到有效的改善,致使中国走向了改革开放。在改革进入深水区之后,我们更有必要重新反思乡村社会的公共性。实现乡村社会治理现代化目标,必须建构起乡村的"公共性"。这种"公共性"是在承认并保护"私"的基础上所塑造而成的"公",而不是单纯的一大二公,是顺应生产力发展和社会治理的"公",而不是盲目推进的"公"。广大农民在实践中建构的公共性不仅是乡村社会经济发展的需要,同样也是社会治理的需要,是经济社会全面协调可持续发展的基础条件。由此看来,农民自愿成为乡村公共性建构的新主体,其在发挥公共性的可视性(改善村容)、整体性(助弱济贫)、互动性(开展道德讲坛)、日常生活性(在田间地头和农家大院中对农民进行传统教育)等方面发挥了重要作用,拓展了乡村社会发展与社会管理的新方向和新思路。乡村建构"公共性"的主要阻碍是基础管理落实不到位,基层民主自治在许多乡村形同虚设,干部学习不到位,百姓缺乏公共意识,大家各扫门前雪,缺乏主体主义意识。由于我国现代化建设的赶超型特征,在我国的乡村基层管理实践中,一直重视经济领域的建设与开发,注重经济水平的提高与发展,而对于基层的社会治理缺乏应有公共精神的培育。在当前个体化趋势下,唯"自我为中心"的农民个体缺乏公共意识,基层治理缺乏公共性,重建乡村社会认同可以有效提升乡村居民的公共精神,激发农民个体的参与激情与动力。乡村社会公共性衰落的后果则是社会治理危机以及由此导致的广大农民生活质量的可持续改善受阻。我们应从生态共同体、利益共同体、文化共同体建设三个维度,探讨如何通过创新乡村社会治理来实现和维系美丽乡村公共性的重建,如努力创建乡村公共文化空间,促进人们在共同生产生活中形成生活方式、价值观念、共同信仰、特色文化等,为诊治个体化病症提供启发性价值。

村庄合并后新型乡村社区的公共精神问题直接关涉乡村社会治理效率与社会稳定。在城镇化进程中,乡村社区各类社会群体聚居、各种利益关系交织,使得传统乡村社会的公共性在不断流失、变异,而发展乡村社区服务的一个重要作用就是它能够减缓乡村社会公共性流失、促进乡村社会公共性成长和建构乡村社会公共性,以推动乡村社区的良性运行。乡村认同是构建乡村基层秩序的基础,在乡村文化逐渐弱势城市文化日趋强劲的乡村社会转型中,要积极建立地域归属基础上的乡村社会认同,推进乡村公共性建设,夯实社会治理的根基。

总之,乡村治理现代化转型的目标是促使公共性在现代治理结构中占主导地位,具体而言,就是建构一个平等保护公民个体权利的公共权威,在社会成员中确立公民(身份)、公共关系(公民之关联、公民与公共组织之关联)以及公共规则,这也是乡村治理是否或在何种程度上实现着现代化转型的基本内涵或衡量标准。

第三节 乡村治理的要求

乡村社会治理是一项系统而复杂的工程,是国家治理体系的重要组成部分,是推进国家治理体系和治理能力现代化的重要任务,关系到乡村地区的生存发展与和谐稳定,也关系到全面建成小康社会"百年目标"的实现。在,乡村社会治理过程中,我们要切实把握几点重要的要求,即参与力量要求、精神状态要求、民生本位要求、发展目标要求。

一、乡村社会治理的要求

（一）参与力量要求：鼓励社会力量参与治理

随着改革开放的日益深入，各种社会事务积聚增多并呈现出复杂的局面，"政府单一管理主体"状态的弊端日益显露。乡村社会治理必须要有更多的力量参与。从社会层面看，乡村社会治理中除国家力量之外的一个重要互补力量就是社会力量。随着市场经济和民主政治的发展，社会阶层不断分化，乡村地区的社会力量不断增强，各种乡村社会组织和新型农民群体不断涌现，他们参与乡村社会治理的欲望十分强烈。比如，在乡村社会治理过程中，掌握了大量经济资源的农民合作社在乡村事务中的地位越来越高，已成为乡村社会化服务的重要组织载体。乡村日益发展的时代性诉求与乡村治理能力式微的矛盾，成了农民合作社组织嵌入乡村治理的内在驱动力，同时也是其在当前社会中弥补乡村人才外失、营造一种和谐乡村治理新秩序的意义所在。社会组织参与村庄治理是当代中国乡村社会治理结构转型的必然要求。鼓励和推动社会组织参与乡村社会治理已经成为深化社会治理创新的基本趋势。发挥社会力量在乡村社会治理中的协理作用，不仅能弥补政府部门在农业经济管理领域中的空白，更能有效发挥社会力量在乡村社会治理中的专长，因而能有效调动其参与乡村帮扶的积极性，[132]同时，这对于降低乡村社会治理成本，进一步完善乡村社会治理与运行功能具有重要意义。这就要求作为乡村领导核心的基层党组织采取多种治理方式和治理手段对多元主体的利益进行整合，更加注重培育、支持和引导乡村多元主体参与乡村社会治理，实现乡村社会治理力量的有效合作，推动基层和谐发展；这就要求政府积极引导企业参与乡村的开发与治理，充分发挥乡村社会组织在乡村社会治理中的作用；这就要求进行相关法律法规的修订和落实、加强对乡村社会治理的财政投入和政策优惠、完善乡村管理共治机构、引导社会力量参与，全面实现从管制到共治型治理模式的转变。

（二）精神状态要求：加强乡村精神文明建设

乡村精神文明建设是一个非常复杂的社会系统工程。中共中央办公厅、国务院办公厅印发《深化乡村改革综合性实施方案》指出,加大乡村思想道德建设力度,有针对性地开展社会主义核心价值观教育,提高农民综合素质,提升乡村社会文明水平。开展文明村镇创建活动,修订乡规民约。充分发挥公共文化服务在乡村精神文明建设中的平台和支撑作用,加强乡村基层公共文化体育资源的整合利用,提高设施利用效能。建立广播电视村村通、文化信息资源共享、乡镇综合文化站、乡村电影放映、农家书屋、体育健身等重点文化体育工程有效合作机制。采取政府购买、项目补贴、定向资助等方式,支持社会各类文化组织和机构参与乡村公共文化服务。抓好乡村业余文化骨干队伍建设,加强乡村题材文艺作品的创作生产。保护和传承具有民族特色的农耕文明,加强乡村地区的文化遗产保护。广泛开展具有乡土特色的文化活动,推动文化与特色农业有机结合,提升农产品文化附加值。引导和组织农民成立村民议事会、道德评议会、禁赌禁毒会、红白理事会,发挥乡规民约的积极作用。弘扬优秀传统民俗文化是构建和培育社会主义核心价值观的重要内容,为进一步提升乡村社会治理能力现代化提供坚实的精神保障。加强乡村精神文明建设,这就要求我们在乡村社会治理中更加重视乡村精神文明建设,树立科学的并且深入人心的社会主义核心价值观念;这就要求我们以环境整治和民风建设为重点,广泛开展群众性新乡村教育活动,推动移风易俗,加强乡村精神文明建设和乡村社会治安综合治理,促进乡风文明,广泛开展文明家庭、文明村组、文明村镇创建活动,大力倡导健康、文明的新风尚;这就要求我们大力发展乡村文化事业,加强建设村卫生院、学校、图书馆等的建设,建设文化信息资源共享工程乡村基层服务点,大力创作和生产农民喜闻乐见的优秀文化产品,广泛开展乡村体育健身活动,引导和鼓励社会力量投入乡村文化建设,丰富农民的文化生活;这就要求我们提倡"孝"文化,形成"尊敬老人,赡养老人"的良好社会风气;这就要求我们深入推进公民道德和职业道德教育,加强农民思想道德建设,提高新型农民道德素养,倡导社会主义核心价值观,弘扬中华民族传统美德,逐步形成健康文明的乡村新风貌和科学、健康、文明的生活方式。

(三)民生本位要求:着力改善乡村民生

党建设乡村社会政治信任的一个重要措施就是着力改善乡村民生。时刻关注农民群众，着力改善乡村民生，在乡村社会和谐稳定中推进改善乡村民生，在改善乡村民生中进一步促进乡村社会和谐稳定，是马克思主义唯物史观的必然要求，也是新中国成立以来，特别是改革开放以来，党建设社会主义新乡村的基本思路和基本经验。

以民生为本是乡村社会治理的核心要求。五大发展理念中的"共享发展理念"就体现了以民生为本。在现阶段，着力改善乡村民生是贯彻落实习近平总书记系列重要讲话精神、落实国家精准扶贫政策、建设社会主义新乡村的必然要求，是加强乡村社会治理的关键环节。为此，新时期乡村合作医疗保障制度的管理体制与运行机制，就必须适应乡村社会治理结构的现状与未来发展趋势，就必须体现国家意志、责任和确保农民的主体地位。保障和改善民生、推进乡村社会治理，我们也应建立推广党委领导、政府负责、部门联动、社会参与的关爱服务体系，做好乡村留守妇女、留守儿童、留守老人等"三留守人员"的关爱服务工作。社区是社会治理和民生保障的重要载体，而乡村的社会治理和民生保障更要以乡村社区的建设为重要依托，乡村的社区服务体系建设是全面建成小康社会的重要任务。以民生为本，加强乡村社会治理，就要着眼统筹城乡区域发展和一体化建设，乡村无论是经济水平、高级知识人才储量、文化教育力量还是民主政治的发展都远远落后于城镇地区，要统筹发展城乡一体化首先就要补齐乡村这些短板问题，筑巢引凤，在政策上大力支持吸引年轻人到乡村发展，为乡村注入新的活力，当然同时要培训农民的文化知识，科学种植，然后加强相配套的基础服务设施体系的建设；就要着眼努力增加农民收入，切实解决乡村社会保障脆弱问题；就要着眼切实解决农民最关心、最迫切、最现实的问题，保障农民享受公平的发展机会和条件，让农民平等参与现代化进程、共同分享改革发展成果；就要着眼多为农民办实事办好事，切实解决损害农民利益的突出问题；就要着眼继续深入推进美丽乡村建设，改善乡村生产生活条件，不断提升群众幸福指数。

（四）发展目标要求：促进城乡一体化发展

改革开放40年来，我国"三农"工作总体进入传统农业向现代农业转变、传统乡村治理向现代民主法制治理转变、二元结构向城乡一体化转变的阶段。当代中国乡村社会治理已经从21世纪初的"后税费改革"时代迈入了快速城乡一体化时代。城乡一体化发展是乡村社会治理的必然要求,体现了乡村社会治理的理念更新。城乡统筹发展作为乡村社会治理的外部环境,直接影响到乡村社会治理的目标和价值取向,同时也影响到乡村社会治理创新的路径、方式和方法。随着改革开放的不断深入,乡村的社会结构、利益格局都发生了深刻变化,城乡融合加快、人口流动加速、这既给经济社会发展带来了巨大活力,也增加了社会服务、社会治理的难度和复杂性,需要我们审时度势,适应城乡经济社会发展一体化的客观要求,积极探索乡村社会治理模式创新,改变城乡分割、条块分割的治理方式,优化结构、良性互动的社会管理新格局,促进乡村社会和谐稳定与全面进步。

传统的以本村人口为主体,排除外来人口治理权的村民自治体系,已经无法适应城镇化以及城乡一体化对乡村社会治理的要求。为了促进城乡一体化发展,需要构建新型乡村社会生活共同体。构建新型乡村社会生活共同体,就是要推进乡村社区建设。乡村社区是乡村社会治理的载体。打破城乡二元管理体制,构建城乡社区一体化管理体制是时代的要求,以乡村社区重建为平台,政府必须改革乡村社区管理体制,优化乡村社会治理。在乡村地区构建民本型社区是乡村人口结构、经济结构、社会结构发展变化的必然结果,是在新的形势和条件下统筹城乡区域发展、促进乡一体化的客观要求,也是在新时期创新和加强乡村社会治理的必然要求。对乡村社区的治理,就要形成乡村社区"共治"格局,乡村社区"共治"是不同于传统的由乡镇党委、政府贯穿到村社的行政体制主线条的单一主体的乡村社会管理模式,而是一种由党委、政府牵头的多重治理主体参与的新型乡村社区治理模式。

二、乡村社会治理的关键

改革开放40多年来,中国的经济社会发展取得了辉煌成就,但城乡之间发展还很不平衡,乡村经济社会发展总体水平还比较低,城乡差距还比较大,乡村基础设施和公共服务还显不足,乡村管理水平还有待提升,由此引发出一系列的乡村社会治理问题。解决好这些乡村社会治理问题,就必须把握好乡村社会治理的关键。

(一)提升乡村社会治理主体的治理能力

乡村社会治理是整个社会治理中最基础、最关键也是最难的一个领域。当前,乡村社会治理主体的能力不足已成为提升乡村社会治理成效的关键障碍。随着城乡差距的逐渐扩大,乡村的人才都流向城市,而一些文化程度较低的老人、妇孺留在乡村,导致乡村治理主体能力有限。针对目前乡村社会组织发展不足,农民治理能力有待提升的现实,要从多方位提升治理主体的治理能力。这就无可避免地导致乡村治理能人的短缺,总体上加剧了乡村治理主体结构的老化和治理能力的弱化。

提升乡村社会治理主体的治理能力是创新社会治理体制、推进乡村社会治理现代化的关键。比如,基层政府乡村社会治理能力问题。随着乡村经济社会状况日渐复杂,基层政府对乡村的控制力却在不断弱化,加上面对协调社会关系、规范社会行为、化解社会矛盾、应对社会风险、保持社会稳定等一系列棘手的社会治理难题,迫切需要提升乡村社会治理的能力、效率和水平。

又如,基层党组织乡村社会治理能力问题。当前,一些乡村基层党组织在乡村社会治理中却存在治理理念不到位、治理模式有待完善、治理能力较弱等问题,影响了乡村基层党组织在乡村社会治理中领导核心作用的发挥。对此,中共中央办公厅、国务院办公厅印发《深化乡村改革综合性实施方案》提出了要加强乡村基层党组织建设的严格要求:认真贯彻党要管党、从严治党的要求,始终坚持乡村基层党组织领导核心地位不动摇,深入整顿软弱涣散村党组织,把乡村基层党组织建设成坚强的战斗堡垒,不断夯实党在乡村基层执政的组织基础。创新完善乡村基层党组织设置和活动方式,扩大组织覆盖和工作覆盖。加强乡村两级党组织班子建设,选好用好管好带头人,向软弱涣散村党组织和贫困村党组织选派第一书记。严肃乡村基层党内政治生活,用严以修身、严以用权、严以律己和谋事要实、创业要实、做人要实的要求来加强党员日常教育管理,做好乡村发展党员工作,发挥党员先锋模范作用。严肃处理违反党纪党规的行为,坚决查处挤占挪用惠农资金、侵占征地补偿款、侵吞集体资产等发生在农民身边的腐败行为,建立健全党组织领导下的村务监督机制,保持乡村基层党组织的纯洁性和凝聚力。进一步加强乡村基层服务型党组织建设,强化县乡村三级便民服务网络建设,多为群众办实事,贴近群众、团结群众、引导群众、赢得群众、带领群众共同脱贫致富奔小康。严格落实乡村基层党建责任制,发挥县级党委"一线指挥部"作用,加大抓乡促村的工作力度。中共中央办公厅、国务院办公厅《深化乡村改革综合性实施方案》指出,乡村基层党组织作为乡村社会治理的重要主体,需要具备较强的社会治理能力,这也是乡村社会治理多元化发展的必然要求。乡村社会治理环境的深刻变化,要求乡村基层党组织顺势而为其做出调整,寻找发挥作用的新的关节点。因此,在乡村社会治理过程中,要强化基层党员的身份意识和责任意识,以乡村基层党建创新推动乡村社会治理创新,要发挥乡村基层党组织在乡村社会治理中的引领作用,加强自身建设,合理整合与配置乡村社会治理资源,提高乡村基层党组织的治理能力。

(二)完善乡村社会治理基本制度

我国的农业人口比重较大,因此解决乡村问题也就是解决全国性问题。优化乡村社会治理的基本制度,能进一步提升我国社会治理的基本能力,进而推进整个社会主义和谐社会建设。

法治与民主是人类社会实现良好治理的基本方式,是实现乡村社会治理创新的基本制度保障。"乡政村治"起着承上启下的作用,是我国乡村社会治理制度由国家全面控制到乡村社区自治转型的关键。宪法规定村民自治制度是乡村社会治理的基本制度。1998年《中华人民共和国村民委员会组织法》的正式颁布,标志着村民自治制度作为我国乡村社会治理的一项基本制度得以正式确立,并在我国乡村社会治理中发挥着日益重要的作用。伴随着乡村经济社会变迁而产生和发展的村民自治,已成为我国社会主义民主政治制度的一项重要内容。村民自治是中国乡村社会治理结构的历史性变革。村民自治制度为新型的乡村社会治理提供了理论基础,通过村民"民主选举、民主决定、民主管理、民主监督",真正实现村民作为管理主体参与到基层乡村的各项事务中,促进乡村发展。村民选举制度是乡村社会治理最重要也是最基础的制度设置,民主选举的目标是村民集体参与民主管理,每个人可以在选举村庄负责人的过程中行使自己的权利。

除了继续推进和完善基层群众自治制度外,我们还应该构建适应经济社会发展要求的乡村社会治理基本制度。我国乡村的现代化改造要以发展乡村经济为基础,以构造市场化为取向的乡村社会经济制度和管理制度为目标,尊重农民的平等的公民权利,构造适应市场经济要求的乡村社会治理制度。在深化改革的大背景下,如何创新乡村集体经济有效实现形式,建立符合社会主义市场经济要求的乡村集体经济组织产权制度,直接关系到广大农民的切身利益,关系到乡村基本经营制度的发展方向和乡村社会治理体系的现代化,也关系到国家的战略全局。伴随家庭农场、农民合作社、农业企业等新型农业经营主体的出现和成长,作为庞大的真正的农业生产经营者群体,如何赋予和保障他们的土地经营权利和社区治理主体地位,是目前乡村社区建设过程中处理好村民自治和多元主体参与之间关系的关键,也是未来乡村社区形成共建共享机制的重要基础。也就是说,乡村产权制度决定乡村社会治理的发展变化,乡村社会治理要与其基本产权制度相适应;同时,乡村社会治理又对产权制度产生影响,能促进或阻滞乡村产权制度的变革。乡村集体产权制度改革是健全乡村社会治理体系、促进乡村和谐稳定的重要保障。

(三)改进乡村社会治理方式方法

随着乡村改革后,乡村社会发生了巨大的转变,人民的物质经济得到了质的发展,同时在政治、文化教育上也有了明显的提高,民主制度明确了农民的选举权、知情权、参与权、监督权,在文化教育上国家大力推进文化下乡政策,修建学校、开办夜校,确保每个适龄孩子能得到相应的教育,大力扫除农村文盲,提高农民文化素养。它的推行,使我国乡村治理方式发生了重大的变化,国家对乡村社会不再直接管理,而是赋予乡村社会自我管理的权利,由村民自我管理自己的事务。

虽然"乡政村治"体制更侧重乡村社会自我治理,并且村民拥有了更多自治权利,但在实际操作中,"乡政村治"体制或多或少地偏离了"国家文本"要求,国家行政权力在乡村社会中始终保持着强势。目前,我国乡村社会治理方式仍注重自上而下的管制,以行政命令为主的手段,带有计划经济体制的色彩,呈现刚性有余而弹性不足,显得僵化生硬,导致乡村社会体制机制运行受阻,引发并激化乡村社会矛盾和社会冲突。这种惯用的社会治理方式已经过于传统和模式化,过于僵化,显然已经不能适应当今多变的乡村形势。从治理方法和治理手段来看,单一行政命令的传统基层治理方式已不适应乡村发展的需要,已经不能满足当前乡村社会治理的要求。改进和完善乡村社会治理方式势在必行。

从方式上来看,传统的乡村管理强调的是行政性,而乡村社会治理除了行政还强调法制建设、思想道德建设、制度建设等多种方式。改进和完善乡村社会治理方式要求我们创新乡村基层社会治理,建立多元主体治理体系。村民自治并不是乡村社会治理的唯一方式,当代乡村社会治理更加强调政府、市场与社会的"新型合作伙伴关系",建立多元主体治理体系,共同治理和解决乡村社会问题。乡村社会治理应该是多元主体通过协商合作方式对乡村社会事务和社会生活进行规范管理、对乡村社会问题与矛盾进行科学治理。这就要依据乡村基层社会治理理念、知识、技术、方法和机制等,对传统乡村基层社会管理模式、方式和方法进行扬弃,建构"政府主导、公众参与、社会协同、法治保障"的新的有中国特色的乡村社会治理体系,引导广大基层群众增强社会主人翁意识,激发广大群众参与治理基层的自主、自治积极性,构建繁荣和谐稳定的乡村社会治理格局,实现由一元治理向社会多元治理模式转变。

改进和完善乡村社会治理方式要求我们提高农民组织化程度。新时期的治理理念具体表现在乡村社会治理中要求改变农民长久以来的片面"被管理化",要求农民能够逐步形成主体意识,作为重要的一方主体有效参与到乡村社会的治理中来。农民是乡村社会管理组织形式的主体,要大力宣传农民积极参加教治理组织当中来,通过农民自己选代表、成立委员会的形式,在其内部先进行有效的治理,然后对个体进行内外部的法治治理。乡村民间组织可以说是现阶段我国乡村社会管理和公共治理领域中农民组织化参与的有效形式。要解决乡村社会的治理危机,就应当培育和革新乡村社会的治理主体,实现有效的农民组织化,进而形成基层自治组织与其他乡村社会组织合作共生、协同治理的局面,重构乡村社会的微观治理格局,使宏观的"乡政村治"治理布局真正落实在微观的乡村社会场域之中。

改进和完善乡村社会治理方式要求我们强调德法共治。法治作为现代治理方式的一个重要方面,对乡村社会治理尤其是现代化转型发展中的乡村社会治理也至关重要。法治在乡村社会治理中占有举足轻重地位,但是中国人常说法理之外还有情理，德治的治理同样具有重要作用，充分发挥乡规民约的德治功能对于提高乡村社会治理水平、实现国家社会治理能力和治理体系现代化具有重要的现实意义。其实乡规民约与法律并非对立关系，而是法律的调适和补充完善，在法律无法触及的领域里发挥重要作用，例如对乡村生活中的红白喜事、邻里纠纷等方面法律往往难以做出具体要求和规范，而乡规民约则可以自行提出约束，填补了这些法律管不着的真空地带，它遵循乡村的实际情况，从人情和道德伦理出发，制定出合情合理的行为准则，既有替法惩戒效果，又有道德教化作用，成为乡村社会治理的重要方式之一。

参考文献

[1] 沈琼.新型职业农民培训读本[M].北京:中国农业出版社,2019.

[2] 张禧,毛平,赵晓霞.乡村振兴战略背景下的农村社会发展研究[M].成都:西南交通大学出版社,2018.

[3] 代改珍.乡村振兴规划与运营[M].北京:中国旅游出版社,2018.

[4] 孙景淼.乡村振兴战略[M].杭州:浙江人民出版社,2018.

[5] 陈勇,唐红兵,毛久银.乡村振兴战略[M].北京:中国农业科学技术出版社,2018.

[6] 孔祥智,等.乡村振兴的九个维度[M].广州:广东人民出版社,2018.

[7] 张勇.乡村振兴战略规划(2018—2022年)辅导读本[M].北京:中国计划出版社,2018.

[8] 李艳蒲,穆永海,张秀昌.乡村振兴与美丽乡村建设[M].北京:中国农业科学技术出版社,2018.

[9] 杨巧利.美丽乡村建设[M].北京:中国农业科学技术出版社,2018.

[10] 康晓强."村情通":新时代乡村治理新模式[M].北京:人民出版社,2018.

[11] 袁海平,顾益康,李震华.新型职业农民素质培育概论[M].北京:中国林业出版社,2017.

[12] 干永福,刘锋.乡村旅游概论[M].北京:中国旅游出版社,2017.

[13] 农业部农民科技教育培训中心组.新型职业农民培训规范[M].北京:中国农业出版社,2017.

[14] 农业部科技教育司,中央农业广播电视学校.2016年全国新型职业农民发展报告[M].北京:中国农业出版社,2017.

[15] 金海年.2049:中国新型农业现代化战略[M].北京:中信出版社,2016.

[16] 陈中建,倪德华,金小燕.新型职业农业素质能力与责任担当[M].北京:中国农业科学技术出版社,2016.

[17] 王学平,顾新颖,曹祥斌.新型职业农民创业培训教程[M].北京:中国林业出版社,2016.

[18] 黄凯.休闲农业与乡村旅游[M].北京:中国财富出版社,2016.